Willi Garth

Brockhaus, Löns und Muckefuck

Geschichten und Anekdoten aus Dortmund

Wartberg Verlag

Impressum

Bildnachweis:
Umschlag hinten: Foto Feldmann

Die Fotos in diesem Band stammen von Willi Garth
mit folgenden Ausnahmen:
Sammlung Valentin Frank, S. 9, 12, 51, 76/77
LWL-Freilichtmuseum Hagen, S. 43
Hort Chmielarz, S. 56
Wilhelm Roos, S. 63
Ruhr Nachrichten/Dieter Menne, S. 34, 67
Monika Garth, S. 72
Archiv Goos, S. 41
Titelbild: Bläserbrunnen mit Kirche St. Reinoldi

Dank
Herrn Valentin Frank sei für seine Beratung und Unterstützung besonders gedankt.

Quellen und Literatur
Alois Klotzbücher, Dortmund, eine Stadt in Briefen und Manuskripten, Dortmund 1982,
Dieter Lammers, Willi Garth, Henriette Brink-Kloke, Ausgegraben! 800 Jahre Hörder Burggeschichte(n), Stadt Dortmund 2009
Johann Melzer, Ev. Landeskirchenamt Bielefeld, Archivalien
Jens André Pfeiffer, Stadt- und Landesbibliothek Dortmund, Archivalien
Monika Seidel, Verband der Hermann-Löns-Kreise in Deutschland und Österreich e.V.
Zeitungssammlung und Archiv Willi Garth
Archiv Stiftsgemeinde St. Clara

1. Auflage 2011

Layout: Attila Jo Ebersbach, Kassel
Druck: Hoehl-Druck Medien + Service GmbH,
Bad Hersfeld
Buchbinderische Verarbeitung:
Buchbinderei Büge, Celle

34281 Gudensberg-Gleichen, Im Wiesental 1
Telefon (0 56 03) 9 30 50
www.wartberg-verlag.de
ISBN: 978-3-8313-2147-6

Inhalt

Vorwort

Dieses Buch erzählt Ihnen, liebe Leserin und lieber Leser, die weniger bekannten und teils unbekannten Geschichten und Anekdoten aus Dortmund, die Sie so vielleicht noch nicht kannten. In die Mischung historisch belegter, überlieferter oder „sagenhaft" weitererzählter Begebenheiten fließen persönliche Erlebnisse ein, die in meinen 73 Lebensjahren prägende Spuren hinterlassen haben. Ich bin zwar gebürtiger und engagierter Hörder, die engen historischen Verflechtungen haben aus mir aber auch einen echten Dortmunder gemacht.

Meine Mutter kam von einem Kotten im Münsterland in jungen Jahren in das „sündige" Dortmund. Ihre Geschichte steht für das Schicksal tausender Zuwanderer aus kleinen Dörfern und Städten, die sich damals in der Großstadt Dortmund eine gesicherte Zukunft erhofften. Es herrschte eine Art Goldrausch, der die Menschen in die Ballungsgebiete lockte.

Lesen Sie von einem Bergwerksbesuch in 800 Metern Tiefe, einer Weihnachtsfeier mit Chinesen, die das Stahlwerk demontierten, von Erinnerungen an berühmte Dortmunder wie F. A. Brockhaus, Henriette Davidis, Eduard Wilsing und Dortmunds heimlichem Heiligen, Bruder Jordan. Erinnern Sie sich an die Dortmund-Besuche von General Pappenheim, Kaiser Wilhelm, Hermann Löns und Michail Gorbatschow und erleben Sie einen interessanten Mix von Geschichten und Anekdoten aus Dortmund, der Sie zum Schmunzeln bringen wird.

Viel Vergnügen wünscht Ihnen

Willi Garth

Vom Syburg-Denkmal zur Altarplatte

Es war schon ein ziemliches Gerangel, bis man sich zum Bau des imposanten Kaiser-Wilhelm-Denkmals auf der Hohensyburg entschloss: Die Dortmunder Stadtverordneten regten nach dem Tod von Kaiser Wilhelm I. an, ein großes Denkmal in der Provinz Westfalen zu errichten. Man hoffte auf den Standort Hohensyburg. Ein Provinz-Komitee entschied sich nach hitziger Debatte unter zahlreichen Bewerbern allerdings für Porta-Westfalica. Ein lokales Komitee ergriff daraufhin die Initiative für ein eigenes Denkmal auf der Hohensyburg. Am 18. Mai 1893 war die Grundsteinlegung, und 1901 war es endlich fertig.
Den Nationalsozialisten passten einige Details des Denkmals gar nicht. Man erklärte es für baufällig, trug 1935 große Teile ab, entfernte Figuren und schuf das heutige Denkmal, das die Bürger aufgrund seines Aussehens spöttisch „ATA-Dose“ nannten. Die Verpackung des damals bekannten Scheuermittels ATA hatte eine ähnliche Form. Eine rüstige 98-Jährige schilderte jetzt eine neue Variante, weswegen das Denkmal für baufällig erklärt worden sein soll. Der Schwager einer Nachbarin war Schausteller, der gerade die traditionelle Hohensyburger Kirmes aufbauen wollte, als man entdeckte, dass Farbschmierer den Denkmalssockel weiträumig mit großen Lettern in knallroter Mennigfarbe beschmiert hatten. Zu lesen war: „Kaiser Wilhelm, steig hernieder und regiere du uns wieder, denn bei diesen schlechten Zeiten, da lass Adolf Hitler reiten.“ Sofort wurden die Behörden benachrichtigt, und schnell traf ein Mannschaftswagen ein. Die Besatzung verhüllte die Schrift großflächig, so dass keiner der Kirmesbesucher etwas davon lesen konnte. Das Geschehen machte zwar von Mund zu Mund schnell die Runde, durfte aber in keiner Zeitung erwähnt werden.

Das Hohensyburg-Denkmal, oben in alter Pracht, unten stark verändert, wurde nach dem Umbau spöttisch als „ATA-Dose“ bezeichnet.

Die hartnäckige Mennigfarbe soll ein triftiger Grund für den Teilabriss des Denkmals gewesen sein. Der Wahrheitsgehalt lässt sich heute nicht mehr nachprüfen.

Vom Prachtdenkmal zur ATA-Dose

Am ursprünglichen Denkmal waren außer Kaiser Wilhelm I., Bismarck und Moltke noch Kaiser Friedrich III. und Prinz Friedrich Karl als mächtige Bronzefiguren aufgestellt. Die letzten beiden wurden unter den Nationalsozialisten 1935 entfernt, weil ihre Frauen Engländerinnen waren. Man verkleinerte das Denkmal erheblich. Dabei demontierte man auch die große Marmortafel, die mit einem Text beschriftet war, der den neuen Machthabern wenig zusagte:

KAISER WILHELM DEM GROSSEN
UND SEINEN HELDEN
DIE DANKBARE GRAFSCHAFT MARK

Angebracht wurde stattdessen eine neue Tafel mit dem Text: „ Im dritten Jahr der Regierung Adolf Hitlers, in dem er dem Deutschen Volke die Wehrfreiheit wiedergab, wurde das Denkmal erneuert".

Kaisertafel wird Altarplatte

Beim Abbruch des alten Denkmals landeten manche Ornamente als Erinnerungsstücke in Gärten der Umgebung. Die gewichtige Marmortafel mit dem Lob auf den Kaiser gelangte nach Kirchhörde, wo man in der evangelischen Patroklus-Kirche, „Klein-Reinoldi" genannt, gerade einen neuen Altar benötigte. Der damalige Pfarrer Hochdahl ließ die Tafel, die ursprünglich fast doppelt so groß war, auf 1,40 Meter Länge kürzen. So blieben von dem obigen Spruch nur die Reste übrig:

**KAISER WILHELM D…
UND SEINEN…
DIE DANKBARE GRAF…**

Die Tafel wurde mit der Schrift nach unten auf einen Granitsockel gelegt, der ebenfalls vom Denkmal stammte. 33 Jahre lang feierte man an diesem Altar Gottesdienst, Kinder wurden davor getauft und Jugendliche zur Konfirmation geführt. Fritz Neuhoff aus Kirchhörde wurde hier konfirmiert, heiratete vor dem Altar und ließ hier seine Kinder taufen. Nachdem der Altar 1968 einem neuen weichen musste, verlor Neuhoff die geschichtsträchtige Altartafel aus den Augen. Kürzlich entdeckte sein jüngerer Bruder die Tafel in einem Nebenraum der Kirchhörder Friedhofskapelle. Neuhoff kontaktierte den Vorstand des Hörder Heimatvereins, der die Platte in Augenschein nahm. Bei Gesprächen mit den Pfarrern der Gemeinde traf man auf offene Ohren. Die Kaisertafel sei schließlich allgemeines Kulturgut, meinte Pfarrer Schneider, da biete sich das Hörder Museum als Ausstellungsort an. Das Transportproblem und die Anbringung des gewichtigen Stückes (die 1,40 Meter lange Tafel ist 80 cm breit und wiegt um die 150 Kilo) löste Bäckermeister Willi Feldkamp. Bei der offiziellen Übergabe war Fritz Neuhoff sichtlich gerührt.

Der Kaiser zu Gast auf Hohensyburg

Böllerschüsse hallten über das Ruhrtal, als Kaiser Wilhelm II. und Kaiserin Auguste Viktoria der Hohensyburg am 10. August 1909 einen Besuch abstatteten. Als das Kaiserpaar im festlich geschmückten Ort Wetter ankam, war die etwa 20 km lange Strecke über Herdecke bis Hohensyburg von unzähligen Schaulustigen gesäumt. Immerhin betrat an diesem Tag erstmals ein deutscher Kaiser märkischen Boden. Die Presse wartete

Postkarte zur Erinnerung an den Besuch des Kaiserpaares, das hinten im Auto sitzt. Oben links das alte Denkmal.

danach mit Superlativen auf. Tausende Tauben wurden zu Ehren des Paares aufgelassen. 50000 Menschen hatten sich auf der Hohensyburg versammelt, um diesen besonderen Besuch zu erleben. Auf der Terrasse warteten 5000 geladene Gäste. Berichtet wird von einem Posaunenchor, der aus 800 Mann bestand und einem Chor mit 1500 Sängern. Anlass für diese beeindruckende Feier war die 300-jährige Zugehörigkeit der Grafschaft Mark zu Brandenburg-Preußen.
Es herrschte sprichwörtliches „Kaiserwetter". Bei dem offiziellen Festakt, der in einem besonderen Festzelt abgehalten wurde, reichte der Dortmunder Oberbürgermeister Schmieding dem Kaiser den Pokal zum Festtrunk und wies auf die Treue der Markaner zum Hohenzollernhaus hin. Das damals noch wesentlich größere und üppigere Syburg-Denkmal war festlich geschmückt, und die Standbilder von Kaiser Wilhelm, Bismarck und Moltke hatte man bekränzt. Am Fuße dieser Statuen formulierten die Anwesenden den Treueschwur: „Fest wie die Eichen im Sturmgebraus, stehen die Märker zum Zollernhaus."

Ein reicher Bauer aus Nette wird Pförtner des Hüttenwerks

Im Juli 1938 brachte der „Mengeder Lokal-Anzeiger“ anlässlich des Festes „600 Jahre Bodelschwingh“ eine Beilage heraus, in der einige interessante Ereignisse beschrieben sind.
Berichtet wird auch, dass in Nette auf dem Plaashof ein männlicher Erbe fehlte. Die alten Bauersleute nahmen einen jungen Mann namens Boelling an, der der Sohn des Rentmeisters auf Haus Sandfort bei Recklinghausen war. Boelling wird als klug und zielstrebig beschrieben. Im Jahr 1833, als der damalige Kronprinz und spätere König Friedrich Wilhelm IV. bei einer Reise durch Westfalen nach Dortmund kam, besuchte er auch das Schloss Bodelschwingh. Bauer Boelling nutzte die Gelegenheit und stellte einen Zug berittener Bauern zusammen, die man die „Castroper schwarzen Husaren“ nannte. Damit zog er dem hohen Gast entgegen. Als dieser auf dem Weg nach Bodelschwingh durch Mengede kam, wurde er dort, wo später der Bahnhof gebaut wurde, begrüßt und ein silberner Becher des Pfarrers Hausemann gereicht.
Die Arbeit auf seinem Hof reichte Boelling scheinbar nicht. Als 1847 die Köln-Mindener Eisenbahn gebaut wurde, übernahm es Boelling, einen Teil der Strecke zu bauen, was ihm eine Menge Geld einbrachte. Davon errichtete er am Mengeder Bahnhof ein schönes Haus mit zwei Türmen, das einen schlossartigen Eindruck machen sollte. Das Haus nannte er, nach der obigen Begegnung mit dem König, sinnigerweise „Königshalt“. Boelling expandierte weiter und kaufte schließlich ein Rittergut in Schlesien. Das war wohl ein paar Nummern zu groß für ihn. Boelling konnte das Rittergut nicht halten und wurde sprichwörtlich so arm wie eine Kirchenmaus. Bis zu seinem Tod verdiente er sich einen bescheidenen Unterhalt als Pförtner bei dem Hörder Hüttenwerk.

Die Hörder Burg, Verwaltungssitz des Hüttenwerks. Der kleinere Bau links davon ist das Pförtnerhaus.

Heidedichter Hermann Löns schrieb über rußiges Dortmund

Bei Hermann Löns denkt man an seine Vorliebe für die Lüneburger Heide. Löns malte, zeichnete, schrieb Romane, Erzählungen und Gedichte. Bekannt sind nicht nur die Lieder „Rose Marie, Rose Marie“ und „Auf der Lüneburger Heide“. 1932 entstand der erste Film „Grün ist die Heide“. Ein zweiter Film von 1951 gilt als Inbegriff des deutschen Heimatfilms. Er war ein Renner. Zu den Mitwirkenden zählten neben dem damaligen „Traumpaar“ Sonja Ziemann und Rudolf Prack etliche bekannte Schauspieler, wie Willy Fritsch und Hans Richter.
Sonja Ziemann war mein erster Jugendschwarm. Ich versuchte sie zu zeichnen. Sie war auch mein erstes Porträt. Wie stolz war ich, als sie eine Widmung unter meine Zeichnung setzte.

Sonja Ziemann unterschrieb die erste Porträtzeichnung Willi Garths mit einer Widmung.

Hoesch-Hochöfen inspirieren Löns

Dass Löns ein Gedicht mit 15 Strophen über Dortmund verfasst hat, ist wenigen bekannt. Seine Begegnung mit Dortmund, 1890 in Münster zu Papier gebracht, beschreibt das komplette Klischee einer schmutzigen Industriestadt. Das Hochofenfeuer des Hoesch-Werkes und ein tragisches Erlebnis am Dortmunder Hauptbahnhof dienten Löns zur Inspiration:

Dortmund

Schwarzgrün war der dürren Gebüsche Laub
und schwarz war der Himmel bezogen,
ein schwarzer, wildwirbelnder Kohlenstaub
kam über die Felder geflogen.

Die Sonne ging aus und es nahte die Nacht,
es glühten mit flackerndem Brande
die Hochöfenfeuer in magischer Pracht
irrlichternd am Himmelsrande.

Ich ging an den schwarzen Fabriken einher,
Dampfschnauben erklang durch die Fenster,
aus den Schornsteinen wälzten sich wuchtig und schwer
des Rauches verworr'ne Gespenster.

Es flog auf das Herz mir der hässliche Staub
und es schrumpften die Hoffnungsgrünblätter,
die Ideale – der Altklugheit Raub,
zertrümmerte Griechenlands Götter.

Ich genoss den berauschenden, brennenden Trank,
den fressenden Weltschmerzfusel.
Ich trank mich elend und schwelgte mich krank
im lebenvergiftenden Dusel.

Am Bahnhof, im kribbelnden Menschengewühl,
im Donnern, Schnauben und Pfeifen,
da fühlt' ich ein schluchzendes Stöhnen mir kühl
an die trauernde Seele greifen.

An die Mauer gelehnt dort ein Mädchen stand
im schwarzen, schlecht sitzenden Kleide,
das blasse Gesicht in der kräftigen Hand:
"Was tat man dir, Mädchen zuleide?"

Und schüchtern, wie Ostwind das Röhricht durchzieht,
so erzählt sie schluchzend und leise
ein uraltschönes Proletarierlied
in modern komponierter Weise:

„Unsern Vater, den brachten sie neulich nach Haus,
vom Rade in Stücke gerissen,
da ging unsrer Mutter die Lebenskraft aus,
es hat sie aufs Bett hingeschmissen.

Und der Fritz, mein Bruder, wie'n wildes Tier" –
ihre Lippen zuckend sich schlossen –
„den haben die Hunde vorgestern hier
beim Streikkrawalle erschossen.

Sechs kleine Geschwister, die hungern zu Haus,
und ich hab kein Geld für die Reise."
ihr Kopf sank herab – das Epos war aus –
sie weinte bitter und leise.

Ich gab ihr das Geld in die schwielige Hand,
nie werd' ich ihr Lächeln vergessen,
sie hielt meine Finger festklammernd umspannt
mit ungläubig dankbarem Pressen.

Dort stampfte der keuchende, jappende Zug
mit Donnern und Blitzen und Rasen,
der Weltschmerzgedanken verschrobener Flug
zerstob wie vom Sturme zerblasen.

Ich sah den verglimmenden Glutaugen nach,
belächelnd mein trauriges Herzlein –
was war gegen Jammer von diesem Schlag
mein rührend Poeten-Schmerzlein?

Das Gedicht ist, wie andere Lieder und Gedichte, die Löns zwischen 1884 und 1890 geschrieben hat, in dem 1919 posthum erschienenen Buch „Junglaub" abgedruckt. Hermann Löns wurde am 29. August 1866 in Culm bei Bromberg in Westpreußen geboren. Er fiel am 26. September 1914 bei Loivre, nahe Reims. Nach einem Begräbnis in den Kriegswirren folgte ein endloses Gerangel um die Gebeine, von denen zuletzt niemand mehr genau wusste, ob es die authentischen waren. In einem Wacholderhain bei Walsrode liegen jetzt die vermuteten Löns-Gebeine unter einem Findling.

Die „Unschuld vom Lande“ im sündigen Dortmund

Die fortschreitende Industrialisierung ließ die Menschen im 19. und 20. Jahrhundert scharenweise vom beschaulichen Landleben in die Großstädte flüchten. Meine 1899 geborene Mutter Maria stammte aus Rheda bei Wiedenbrück. Sie war ein Nachkömmling und lebte mit Eltern und Geschwistern in einem gemütlichen Fachwerk-Kotten. Nach und nach machten sich die Geschwister selbstständig. Schwester Katharina heiratete auf einen richtigen Bauernhof. Die anderen suchten sich eine Arbeit im Ort, betrieben aber alle nebenbei eine kleine Landwirtschaft. Schweine hatte jeder im Stall. Nur Marias großen Bruder Theodor zog es in die „sündige“ Großstadt Dortmund.

Maria wollte eigentlich Schneiderin werden. Wegen ihrer Größe und den damit verbundenen Rückenproblemen riet der Hausarzt davon ab. Sie fand Arbeit in einem herrschaftlichen Sechs-Zimmmer-Haushalt bei der jüdischen Familie Stern. 1919 wollte die Schwester von Frau Stern heiraten und bat Maria, für ein Jahr mit nach Dortmund zu gehen. Die Eltern sahen es nicht gern, dass die „Unschuld vom Lande“ in die gefährliche Großstadt Dortmund wollte. Aber der große Bruder Theodor wohnte schließlich schon dort. Für ein Jahr konnte man es ja mal riskieren.

Bier für Oma Walkenhorst

Bei der Familie Stern in Dortmund hatte Maria es gut getroffen. Sie wohnten in der 1. Etage der Heroldstraße 18. Parterre hatte Herr Sieger einen Lebensmittelladen. Da durfte Maria nachmittags beim Bedienen helfen. Der Umgang mit Menschen machte ihr Freude. Das Personal bestand aus drei Verkäuferinnen und einer Kassiererin. In der zweiten Etage wohnte Familie

Walkenhorst. Herr Walkenhorst war Uhrmacher und eine Seele von Mensch. Er kam aus Marias Heimat Wiedenbrück. Das verband. Abends gehörte Maria zur Familie. Hier nähte sie ihre gesamte Aussteuer. Herr Walkenhorst ging früh schlafen, dann holte Maria für Frau Walkenhorst, die eine rechte Ulknudel war, einen halben Liter Bier aus der Kneipe. Vor Mitternacht ging man selten zu Bett.

Zur Gala in die Kronenburg

Marias großer Bruder Theodor, ein echtes Stück ihrer Heimat, war ihr Ankerpunkt in Dortmund. Er wohnte in der Zimmerstraße. Theodor war bei der Eisenbahn beschäftigt. In der Bergmannstraße wohnte Marias Vetter Otto Schmalenstroth. Sie besuchte ihn oft. Der lebenslustige Otto war im Gesangverein. Einmal nahm er Maria mit zu einem Konzert in die Kronenburg. Die Veranstaltung war für Maria ein aufregendes Erlebnis in einem besonders attraktiven, riesigen Saal unter festlich gekleideten Gästen. Vetter Otto machte Maria hier mit seinem Sangesbruder Hans Bade bekannt. Maria und Hans mochten sich auf Anhieb. Leider hatte Hans Tuberkulose und starb vier Jahre später. Das war ein nachhaltiger Schock für Maria.

In der Heroldstraße 16, unweit von Marias Wohnung, hatte Familie Funhoff einen Tabakwarenladen. Die Funhoffs nahmen großen Anteil an Marias Schicksal. Sie wollten sie mit Bernhard Groß zusammenbringen. „Der Groß war sehr klein“, schrieb Maria in ihre Lebenserinnerungen, „der passte gar nicht zu mir. Damit wollte ich mich in meiner Heimat Rheda nicht lächerlich machen.“ Dann lernte Maria meinen späteren Patenonkel Willi kennen. Willi, der schon „vergeben“ war, spielte in einem Restaurant Klavier. Dieser machte Maria mit seinem Bruder Anton bekannt, der in Hörde wohnte. Da war es vorbei mit der Absicht wieder nach Rheda zu ziehen. Beide wurden ein glückliches Paar, und Dortmund und Hörde waren ab jetzt die neue Heimat, bis an Marias Lebensende mit 98 Jahren.

Die Familie Funhoff betrieb in der Heroldstraße 16 ein Tabakwarengeschäft.

Muckefuck ist frei von aller Schädlichkeit

Bei privaten Einladungen kommt es immer häufiger vor, dass man sofort oder nach dem Essen einen Espresso angeboten bekommt. Die neuen Automaten machen das möglich. Ach, war das eine Zeit, als das Kaffeetrinken noch ein festgelegter Ritus war. In meiner Kindheit trank man vorwiegend Muckefuck. So nannte man den Kaffeeersatz, einen Malzkaffee, der aus Getreide hergestellt wurde und mit Bohnenkaffee gar nichts gemeinsam hatte, außer dass beide braun waren. Oma braute sich ihr Getränk immer auf dem Kanonenofen in ihrem Zimmer. Nach dem Krieg war selbst der Malzkaffee eine Seltenheit. Not machte erfinderisch. Unsere Familie suchte damals gemeinsam im Niederhofer Wald Eicheln. Die wurden kleingeschnitten und getrocknet als Futter für Vaters Brieftauben verwendet. Ein anderer Teil der geschnittenen Eicheln wurde geröstet und trocken aufbewahrt. Diese dienten als Kaffeeersatz. Wenn es „Kaffee“ geben sollte, klemmte Oma die Handmühle zwischen die Beine und drehte so lange, bis die Eicheln fein gemahlen waren. Dann brühte sie dieses Mehl zu Ersatzkaffee auf.

Aufgebrühter Kaffeeprütt

Wenn er zu haben war, wurde fertiger Malzkaffee gekauft. Da sind mir besonders die beiden Marken Kathreiner und Lindes in Erinnerung. Echten Bohnenkaffee gab es äußerst selten, weil er zu teuer war. Hatte Oma sich einmal eine solche Köstlichkeit gegönnt, dann brühte sie den „Prütt“, den Kaffeesatz, noch einmal auf. Anfangs wurden dem Bohnenkaffee viele negative Nebenwirkungen nachgesagt. Man versuchte sogar zu verbreiten, er sei giftig. Friedrich der Große schrieb einst an die ostfriesischen Landstände: „Majestät sind in der Jugend mit Biersuppe erzogen, das ist gesünder als Kaf-

In der Mitte der Röstapparat, in dem Eicheln, Getreide oder Kaffeebohnen über dem offenen Herd geröstet wurden. In der Kaffeemühle (re.) wurde der Kaffee oder der Ersatz immer frisch gemahlen.

fee, mithin können die Leute dort auch ebenso gut mit Biersuppe erzogen werden."

Die Firma Kathreiner fuhr einst recht scharfes Geschütz gegen den Bohnenkaffee auf, mit „20 Gründen der Vernunft, warum man Kaffee nicht trinken soll". Einige Passagen seien genannt:

„Bohnekaffee macht herzkrank und nervös. Er ist heimtückisch; er wirkt selbst bei schwachem Aufguss wie ein schleichendes Gift. Er geht mit dem verwerflichen Alkohol Hand in Hand, indem er dessen schädliche Wirkungen wesentlich steigert. Wir haben für den Bohnenkaffee einen idealen, unübertrefflichen Ersatz: Kathreiners Malzkaffee." Danach folgen die Lobeshymnen auf das eigene Produkt: „Kathreiners Malzkaffee ist frei von aller Schädlichkeit. Er bewahrt uns einen klaren Kopf. Er ist schließlich ein Erzeugnis heimischer Industrie. – Kathreiners Malzkaffee ist das wahrhaft deutsche Nationalgetränk!"

Trotzdem hätte Oma damals viel lieber den „gefährlichen" Bohnenkaffee getrunken.

Gasthaustradition in Dortmund

Dortmund, eine Stadt in der schon immer reichlich Bier gebraut und konsumiert wurde, hatte einst ungezählte Gasthäuser aufzuweisen. 1934 inserierten in „Westfalen im Bild“ der Ratskeller „im ältesten Rathaus Deutschlands“, Union-Bräu „Nordstern“ am Markt, das „Hotel zum goldenen Löwen“ an der I. Kampstraße, das „Restaurant am breiten Stein“ an der Brückstraße und andere. Der Inhaber von „Fleiters gute Stuben“ war von seinem Lokal besonders überzeugt. „Der Gast ist König! – Mein Lokal ist sein Schloss!“, behauptete er und ergänzte „Dortmunds schönste und interessanteste

Gastronomiewerbung in „Westfalen im Bild“, 9/1934. Fleiters gute Stuben werben: „Der Gast ist König! – Mein Lokal ist sein Schloß!“

Gaststätte". Der Zweite Weltkrieg legte fast die ganze Innenstadt in Schutt und Asche. Man muss sich wundern, wie schnell das Gaststättengewerbe nach Kriegsende bemüht war, wieder zu funktionieren.
Am 8. Juni 1946, ein Jahr nach Kriegsende, berichtete die Westfälische Rundschau über die Fortschritte bei den Wiedereröffnungen von gastronomischen Betrieben. Der „Kleine Ritter" in der Saarlandstraße hatte soeben mit 150 Sitzplätzen eröffnet. Das war nur eine Notlösung. Im Oktober des Vorjahres hatte die alte Ritter-Belegschaft das wüste Trümmerfeld geräumt, planiert und mit einem Aschebetonboden versehen. Darauf errichtete man eine stabile Baracke, „... die schon von außen einen gediegenen und einladenden Eindruck macht". Die Inneneinrichtung verriet Geschmack und Improvisationsgeschick. Die Wände wurden mit Bildern aus Alt-Dortmund dekoriert.
Der legendäre „Pütt" am Westenhellweg bereitete sich gerade auf die Eröffnung vor. Die Gaststätte mit fast 300 Sitzplätzen sollte in der alten Gestalt auferstehen. Das Restaurant und die „Bolsstube" im gleichen Haus sollten folgen.

Aus Ruinen erstehen bescheidene Gasthäuser

Von rund 1350 Gaststättenbetrieben vor dem Krieg wagten in Groß-Dortmund jetzt schon wieder an die 700 Betriebe einen Neuanfang. 90 Küchenbetriebe produzierten bereits 10000 bis 12000 Mahlzeiten.
Heute sind viele Traditionsbetriebe nicht mehr existent. Internationale Gastronomie macht manchem Generationenbetrieb das Geschäft streitig. In den Vororten haben sich einige historische Häuser gehalten. Dazu gehört das Gasthaus „Zum Treppchen" in Hörde, am einstigen Alten Markt gelegen. Das Haus hat eine besondere Geschichte. Das 1763 erbaute „Treppchen" ist das älteste Haus in Hörde und eines der letzten Fachwerkhäuser,

die den Abbruchwahn in den 1960er Jahren überlebten. Es ist zugleich Hördes ältestes Lokal, das einst die Privatbrauerei Schübbe beherbergte. Seit 1897 zieren von Professor Jöker gestaltete Wandmalereien die Gaststätte. Tabakrauch und Fettpartikel lagerten sich mit der Zeit auf den Kunstwerken ab. Man schreckte danach vor teilweisen Übermalungen nicht zurück. Aufwändig wurden die interessanten Gasthausszenen 1973 wieder freigelegt. Eine umfangreiche Restaurierung erfolgte 1993.

Geschäftsabschlüsse im „Treppchen"

Vielen Hördern ist noch der Betreiber Emil Vorschulze bekannt, der mit seiner Frau von 1933 bis 1963 die Geschicke leitete. 28 Jahre lang lag die Leitung des Hauses in den bewährten Händen des Ehepaares Kozuch. Sie erlebten die Blütezeit und gestalteten sie mit. „Klein aber edel", war ihre Devise. Im „Treppchen" wurden bei unzähligen Geschäftessen, nicht nur des angrenzenden Hüttenwerkes, wichtige Abschlüsse eingeleitet oder getätigt. Das „Treppchen" war lange Zeit das Aushängeschild der benachbarten Stiftsbrauerei. Mit dem Brauereisterben hatte die Nachfolgebrauerei scheinbar kein Interesse mehr an diesem Schmuckkästchen. Kozuchs Nachfolgepächter wechselte dann zum Stauder-Bier. Das verübelten ihm die Lokalpatrioten anfangs gewaltig. Sie wollten ihr Stifts-Bier trinken. Danach gab es wieder einen Pächterwechsel. Jetzt lief Veltins aus dem Zapfhahn. Nach leidvollen Jahren mit dem umfangreichen Emscherbauwerk vor der Haustür und der Baustelle des Phoenix-Sees zur Gartenseite, kam mit dem Seeflutungsfest am 1. Oktober 2010 endlich ein wahrer Besucherregen auf das alte Gasthaus zu. Die Glückssträhne währte nicht lange. Anfang 2011 schlossen sich wieder einmal die Türen. Die Chancen für einen Neuanfang nach der Fertigstellung des Sees steigen.

Auferstanden – Dortmunds kleinste Brauerei

Großvaters alter Stiftsbierkrug mit Zinndeckel übte immer einen enormen Reiz auf mich aus. Von zwölf Dortmunder Brauereien gab es 1956 nur noch acht. Das waren Union, Aktien, Ritter, Hansa, Thier, Kronen, Stifts und Bergmann. Bevor vielleicht noch weitere Brauereien schließen würden, wollte ich versuchen, von jeder Braustätte einen Erinnerungskrug zu bekommen. Mutig schrieb ich alle an, schilderte mein Anliegen und wurde erhört. Jede Brauerei sagte mir einen kostenlosen Krug zu. Die kleinste im Reigen war die Bergmann-Brauerei. Nicht jeder Dortmunder hatte eine Ahnung, wo der Brauereistandort Rahm lag. Auch ich wusste es nicht. Das Problem löste sich durch ein Schreiben der Brauerei vom 15. Oktober 1956: „Den von Ihnen gewünschten Bierkrug können Sie unter Vorzeigen dieser Karte in der nächsten Woche in unserem Spezialausschank in Dortmund, Märkische Straße 40, in Empfang nehmen."
Mit dem Spezialausschank in der Märkischen Straße hatte die kleine Brauerei einen mutigen Schritt getan. Das ansehnliche Lokal hatte man nur einen Steinwurf von der Kronenbrauerei entfernt etabliert, sozusagen in deren „Bannmeile". Ich bekam in dem Bergmann-Ausschank den begehrten Steingut-Krug mit guten Wünschen für meine Sammlung ausgehändigt. Den Schriftwechsel, den Krug, einen alten Bierdeckel und eine historische Ansichtskarte habe ich gut gehütet.

Bierkrug animiert zur Brauereigründung

Die Bergmann-Brauerei soll schon 1796 gegründet worden sein. 1874 baute Wilhelm Bergmann die bisherige Hausbrauerei in ein modernes Unternehmen um. 1952 beteiligte sich die Schultheiss-Brauerei AG Berlin in größerem Umfang. Am 3. Dezember 1971 wurde die kleine Bergmann-Brauerei von der großen Ritterbrauerei übernommen. Ritter beendete die Bergmann-Ära im Jahr 1972. Die alte Brauerei kam unter den Abbruchhammer. Die Union-Brauerei hatte zuletzt auch noch die Rechte an der Marke „Bergmann" erlöschen lassen. Über so einen Sammlerkrug wie meinen stieß Dr. Thomas Raphael zufällig auf die ehemalige Bergmann-Brauerei. Zusammen mit Herbert Prigge überlegte er, ob man der Marke nicht neues Leben einhauchen könne. Gesagt, getan. Dr. Raphael sicherte sich 2005 zunächst für 300 Euro die Markenrechte. Weil sich kurzfristig in Dortmund kein Braustandort finden ließ, wurde zunächst ab 2007 bei Vormann in Hagen-Dahl gebraut. „Dortmunder-Bergmann-Bier" nannte Dr. Raphael das Produkt zunächst nicht, verwendete aber das überlieferte Kürzel „DBB". Inzwischen ist eine neue Braustätte in Dortmund gefunden worden. Stolze 150000 Liter werden inzwischen pro Jahr produziert. Ein historischer Kiosk am Hohen Wall 36 ist zum Fanshop für Bergmann-Freunde geworden. Jetzt ist das köstliche Produkt wieder ein echtes „Dortmunder-Bergmann-Bier".

Historisch sind Bierdeckel, Bierkrug und Postkarte. In der Mitte eine aktuelle Flasche der heutigen Bergmann-Brauerei.

„Läcker Striepmaus“ – ein seltsames Gericht

Zu den Besonderheiten unserer Dortmunder Heimat gehört das „Striepmaus“, das Stielmus. Über Westfalens Grenzen hinaus ist diese Spezialität scheinbar nur noch im Rheinland bekannt. Das ist schon ein merkwürdiges Essen. Auswärtige können oft nicht begreifen, dass man etwas Derartiges auf den Tisch bringt. In Omas und Vaters Garten durfte das Gemüse nicht fehlen. In Reihen ganz dicht gesät, wird das Gemüse schon jung geerntet, sprich komplett mit der Wurzel aus dem Boden gerissen. Danach streicht man das grobe Blattgrün ab. Das wird nicht verwendet. Das zarte Grün mit den Stängeln wäscht man gründlich. Sehr klein geschnitten wird das Stielmus mit Kartoffeln und Rindfleisch durcheinander gekocht.

Blattstängel mit Bullenfleisch, wer isst das schon?

Der Name „Striepmaus“ ist vom Abstrippen des Grüns abgeleitet. Das Gemüse wird auch „Striepreiwen“ = „Stripp-Rüben“ genannt. Das kommt der Eigenart der Pflanze näher. Es ist tatsächlich eine Pflanze, die eine rübenartige Wurzel bilden kann. Die wird aber nicht gegessen. Stielmus muss immer frisch geerntet sein und darf nicht zu weich gekocht werden.

Die Feinschmeckerküche hat das Gericht wieder entdeckt und serviert Stielmus mit Tafelspitz, einem edlen Stück Rindfleisch vom Jungbullen. Dieses Gericht ist zum Beispiel ein Renner im seit über 300 Jahren bestehenden Traditionsrestaurant Overkamp auf dem Höchsten, das sich zum Ziel gesetzt hat, der Nachwelt heimische Spezialitäten zu bewahren. Von dem jährlichen Schlemmerfest „Dortmund à la carte“ auf dem Alten Markt ist diese heimische Köstlichkeit nicht wegzudenken.

Bürgermeisters Blamage am Steinernen Turm

Bürgermeister sollten wichtige Briefe gleich lesen und nicht achtlos in die Tasche stecken, auch wenn der Abendschoppen lockt. An einen unverzeihlichen Lapsus, den sich Bürgermeister Klepping am Abend vor dem 25. Juni 1446 leistete, erinnerte im Juni 1946 die Westfälische Rundschau. Freunde der Stadt Dortmund hatten ihrem Bürgermeister ein Warnungsschreiben zugestellt, in dem zu lesen war, dass die Truppen des Grafen von der Mark am nächsten Tag die Freie Reichs- und Hansestadt überfallen wollten. Auf dem Weg zum abendlichen Bierchen steckte Klepping den Brief ungeöffnet in die Tasche. Am nächsten Tag fuhr ihm der Schreck in die Glieder, als man ihm meldete, märkische Reiter seien gerade dabei, den vor den Toren auf den Feldern arbeitenden Bauern die Pferde auszuspannen. Die Bauern versuchten sich zu wehren. Das ließ die Wächter auf dem Steinernen Turm aufhorchen. Sie bliesen Alarm, worauf ein Fähnlein bewaffneter Bürger den Überfallenen zu Hilfe eilte. Sie wollten die Märkischen für ihre Untat bestrafen, doch diese machten sich in Richtung Hörde aus dem Staub. Das war eine Falle. In einem Hohlweg umzingelte die Hauptmacht der Märker die Dortmunder, nahm 316 Bürger gefangen und hängte die von den Dortmundern mitgeführte Fahne in der Unnaer Kirche auf.

Schadenfrohe Bürger löschen nicht

Das war eine erbärmliche Niederlage der stolzen Dortmunder, die sie ihrem Bürgermeister Klepping, der die Misere durch den verschlampten Brief schließlich verursacht hatte, nicht verzeihen konnten. Als kurz darauf in des Bürgermeisters Haus ein Brand ausbrach, schauten die Bürger tatenlos den Flammen zu.

Der umkämpfte Steinerne Turm und die alte, aus Holz gebaute Westfalenhalle.

Der Steinerne Turm aus der Blütezeit der freien Reichs- und Hansestadt ist bis heute erhalten. Er ist das einzige aus der mittelalterlichen Stadtbefestigung verbliebene oberirdische Denkmal. In den Jahren 1889 bis 1890 er-

neuerte man die verwitterten Mauerreste und brachte eine Gedenktafel an, auf der zu lesen ist:
„Dieser Turm ist als Wachtturm der Frei- und Reichsstadt Dortmund im 14. Jahrhundert erbaut. In der Soester Fehde brannten Feinde Dortmunds, darunter Reiter der Städte Hamm, Camen, Unna, Iserlohn, 1446 am 25. Juni den Turm oben ab und versuchten ihn niederzulegen, nahmen auch 316 Dortmunder gefangen. Die Dortmunder aber unterfingen den Turm mit Hast und umgaben ihn mit einem starken Mantel von Ziegelsteinen, auf daß man sähe, dass sie in der Stadt noch lebten. Dieser Turm ist nach 454 Jahren in seiner ersten Gestalt wiederhergestellt worden vom Verschönerungsverein Dortmund."
Auf der gegenüberliegenden Seite des Turms findet sich der Hinweis „Baudenkmal. Der Steinerne Turm wurde 1996 unter Beibehaltung der Form von 1900 wieder instandgesetzt und mit einer neuen Wetterfahne versehen durch die Reinoldigilde zu Dortmund (erstmals erwähnt 1254, wiederbelebt 1988)."

„Daran erkenn ich meine Pappenheimer“

Friedrich Schiller lässt Wallenstein im gleichnamigen Schauspiel den berühmten Satz sagen: „Daran erkenn ich meine Pappenheimer“. Dass der legendäre Feldmarschall Pappenheim einen wichtigen Bezug zu Dortmund und Hörde hat, ist immer noch vielen unbekannt.

Bei einer Radtour durch das romantische Altmühltal war die Stadt Pappenheim eines der Ziele. In der Burg über der Stadt ist ein Museum zu Ehren des Feldmarschalls Gottfried Heinrich Graf zu Pappenheim mit Folterkammer und Falknerei eingerichtet. In der Stadt selbst liegt das „Alte Schloss“ aus dem Jahr 1593. Eigentlich wollte ich dem Bürgermeister selbst von dem einstigen rüden Auftritt der Pappenheimer in Dortmund erzählen, doch das Bürgermeisteramt war geschlossen. Also warf ich die entsprechenden Informationen in den Briefkasten. Bürgermeister Krauß antwortete: „Ihre Zusendung war für uns eine echte Überraschung, und die Darstellung in der „...respektlosen Dortmunder Stadtchronik“ eine Erheiterung – auch wenn die Pappenheimer damals sehr gehaust haben. Es freut mich, dass es Ihnen im jetzt friedlichen Pappenheim bei ihrer Radtour sehr gefallen hat und dass Sie Pappenheim in guter Erinnerung behalten. Die Kopien gehen in unsere „Stadtchronik“ ein. Herzlichen Dank dafür.“

Kniefall der Äbtissin rettet Dortmund

Und das waren die historischen Ereignisse, die den Vorgang ausgelöst hatten:
Im Juli 1632 kam der Kaiserliche Feldmarschall Heinrich Graf von Pappenheim nach Hörde und quartierte sich in der Abtei des Stifts Clarenberg ein. Pappenheim wollte von hier aus die Stadt Dortmund einnehmen. Er hatte kurz vorher das evangelische Magdeburg

Der berühmte General von Pappenheim wollte 1632 die Stadt Dortmund vernichten. Sein Denkmal steht in der Stadt Pappenheim.

in Schutt und Asche gelegt. Alle Städte von Paderborn bis Soest öffneten ihm daraufhin kampflos die Tore. Nur Dortmund wollte es auf eine Belagerung ankommen lassen. Pappenheim drohte, „ …alle in der Stadt, Weib und Kind, Jung und Alt, für den Ungehorsam Ihrer Kaiserlichen Hoheit (gegenüber) niederzuhauen.“ Als er neun feurige Kugeln in die Stadt schießen ließ, ergaben sich die Dortmunder. Drei von Pappenheims Regimentern hausten drei Wochen in der Stadt.

Eine kluge Hörder Äbtissin hatte Pappenheim davon abbringen können, Dortmund zu schleifen und Unschuldige sterben zu lassen. Sie argumentierte, auch die vorwiegend lutherischen Dortmunder seien schließlich Christen. „Am 20. Juli 1632 lag Pappenheim in der Abtei Clarenberg im Quartier; nur durch fußfälliges Bitten der Äbtissin Johanna von Hövel, des Drosten Vaerst und des Guardian des grauen Klosters von Dortmund, wurde Pappenheim bewogen, den angedrohten Sturm und die Zerstörung Dortmunds nicht auszuführen,“ schreibt Chronist Julius Heinze. Für die Hörder war natürlich ihre Äbtissin Johanna von Hövel die große Heldin, der Dortmund praktisch die weitere Existenz zu verdanken hatte.

Gottfried Heinrich Graf von Pappenheim wurde am 25. September 1594 in Treuchtlingen geboren. Der Stammsitz des Reichsministerialiengeschlechts war die Burg im benachbarten Pappenheim, das 1288 zur Stadt erhoben wurde. Der unerschrockene Pappenheim wurde wegen seiner unzähligen Kriegsnarben „Schrannenhans“ genannt. Seine Kürassiere waren als Draufgänger gefürchtet, aber auch als ritterliche Gegner geachtet. Nur vier Monate nach seinem Auftreten in Hörde fiel Pappenheim am 6. November 1632 im Kampf bei Lützen.

Der „Große“ Brockhaus ist ein echter Dortmunder

Mancher Dortmunder hat zwar davon gehört, aber so richtig im Bewusstsein ist es nur wenigen, dass die Wiege des am 4. Mai 1772 geborenen Friedrich Arnold Brockhaus, dem Vater der berühmten Lexika, am Alten Markt in Dortmund stand. Seine Eltern waren der Kaufmann und Dortmunder Ratsherr Johann Heinrich Brockhaus und Catarina Elsbeth Davidis. Nach der Schule half der Sohn im Geschäft des Vaters aus, der mit Stoffen handelte. Seine Lehre machte F. A. Brockhaus in einer Düsseldorfer Tuchhandlung. Nach einem Studium in Leipzig und mehreren anderen Stationen ging er nach Amsterdam. Hier gründete er ein Unternehmen, in dem er endlich seine verlegerischen Fähigkeiten entfalten konnte. 1808 kaufte Brockhaus ein nicht vollendetes Konversationslexikon auf und vollendete es mit insgesamt acht Bänden. Damit legte er den Grundstein zu einem weltberühmten Unternehmen. Friedrich Arnold Brockhaus starb am 20. August 1823 in Leipzig. Die dankbaren Leipziger setzten ihm ein Bronzedenkmal.

Kein Denkmal für Brockhaus

Anders seine Geburtsstadt Dortmund. Der Komplex um sein Geburtshaus wurde im Zweiten Weltkrieg zerstört. An dem eleganten Nachkriegsbau der Stadt- und Landesbibliothek an gleicher Stelle brachte man wenigstens eine Bronzetafel an, die an den Standort des Geburtshauses des berühmten Friedrich Arnold Brockhaus erinnerte. Als man das Gebäude zugunsten eines Neubaus der Bibliothek abriss, wurde die Tafel „sichergestellt“. Mit Front zum Hansaplatz entstand eine fensterlose Fassade, die künstlerisch mit abstrakt gestalteten Fliesenplatten verkleidet wurde. Die Dortmunder nannten den Bau respektlos „Grabmal des unbekannten Flie-

Die Erinnerungstafel an das Geburtshaus des berühmten Dortmunders wird demontiert.

senlegers“. Das Gebäude kam unter Denkmalschutz. Darum wurden, als die Fliesen marode waren, für eine Menge Geld neue Fliesen nachgefertigt. Bei der Neugestaltung des Hansaplatzes bezog man sich ganz auf die markante Fassade und sah darin eine Art Gesamtkunstwerk. Dann geschah das Unfassbare. Als ein Investor Interesse an dem Bibliotheksbau zeigte, um dort ein Kaufhaus zu errichten, war der Denkmalschutz plötzlich Nebensache. Der Bau wurde abgebrochen.

Gedenktafel am falschen Ort

Bibliotheksdirektor Dr. Alois Klotzbücher vermerkte unter einer 1998 veröffentlichten Brockhaus-Biografie: „Die Tafel ist vor Abbruch des Gebäudes (1995) geborgen worden und liegt zur Verwendung für einen Neubau auf dem Grundstück bereit.“ Anstelle der Bibliothek entstand das Karstadt-Sporthaus. Was Historiker einfach nicht glauben wollten: nun war kein Platz mehr für die Brockhaus-Tafel. Später kam die „Mayersche Buchhandlung“ nach Dortmund und bezog am Westenhellweg ein leer stehendes Gebäude. Die Buchhandlung bot an, die Brockhaustafel bei sich anzubringen. Da brachte die Presse die Schreckensnachricht, die Tafel sei verschwunden. Das wurde kurz darauf widerrufen. Man hatte sie nur „verlegt“. Jetzt hängt sie in den Räumen der Buchhandlung ohne jeden Bezug zum Brockhaus-Geburtshaus. Nur Eingeweihte entdecken sie während der Geschäftszeiten der „Mayerschen“.

Schon 1933 hatte Dortmund einen Zoo

„Gruß aus dem Thierpark Dortmund", übermittelt eine mit einem Löwen, einem Bären, Hirsch und Pfau bebilderte Postkarte aus dem im Jahr 1902 eröffneten privaten Park eines Wirtshauses an der Lessingstraße. Dieser Tierpark soll nur kurz existiert haben. Papa Kühn, der Inhaber des Kühn'schen Saals an der Wißstraße betrieb ebenfalls eine Dauerausstellung mit Tieren. Sie wurde 1903 durch einen Brand zerstört. 1928 berichtete das Hörder Volksblatt, Herr Bell habe an der Wellinghofer Straße in Hörde vor zwei Jahren einen kleinen Wildpark angelegt, der mittlerweile 4000 Besucher im Jahr zähle.

Über einen echten Vorgänger des heutigen Dortmunder Zoos ist am 15. November 1933 im „General-Anzeiger, Rote Erde" zu lesen: „Notruf des Dortmunder Zoo. Nachdem es dem Leiter des Zoos an der Steinernen Brücke unter großen Opfern gelungen war, den nach Natur und Tierliebe strebenden Dortmundern eine Auswahl von seltenen und wertvollen Tieren aus allen Weltteilen zur Schau zu stellen, ist es sehr traurig, dass gerade unsere aufstrebende Stadt eine so geringe Aufopferung für die hungernden Tiere jetzt im Winter zeigt. Ein Tier, das gesund und gepflegt gezeigt werden soll, darf nicht hungern. Wie unsäglich klagend ein hungerndes Tier um Nahrung bettelt, ist täglich im hiesigen Zoo zu beobachten. Schuld hieran tragen die gemütlichen Dortmunder, die ihren Zoo anscheinend vergessen haben. (...) Wir müssen es als eine Ehrenpflicht betrachten, auch im Winter den Zoo zu besuchen, zumal das Eintrittsgeld wirklich gering bemessen ist."

In seinem 1934 erschienen Buch „Streifzug durch die Geschichte Wellinghofens" schreibt Otto Mikus über den „Wildpark Brünninghausen", der 1933 auf Anregung des Forstverwalters Freywald und auf Veranlassung des Dortmunder Stadtrates Dr. Cremer in einem neun Morgen großen Waldstück an dem Bach Schondelle angelegt wurde. Dreizehn Damhirsche und die beiden Wildschweine „Adam“ und „Eva“ bildeten den Grundstock. Die Wildschweine waren ein Geschenk des Buchdruckereibesitzers Crüwell und des Bergassessors Wenzel. Der Park habe der Stadt keine Kosten verursacht, schreibt Mikus, weil Stacheldraht, Maschendraht und Nägel von bekannten Dortmunder Firmen und Gönnern gestiftet worden seien.

1971 hieß der Dortmunder Zoo noch „Tierpark“.

Romberg-Steine verschönern Zoo-Teich

1950 bildete sich der Förderverein „Tierparkfreunde Dortmund“. Später nannten sie sich „Zoofreunde Dortmund“. Am 24. Mai 1953 gründete die Gesellschaft offiziell den Tierpark Dortmund. Die Bauarbeiten waren aber schon Jahre vorher begonnen worden. Am 11. August 1951 berichtete das Westdeutsche Tageblatt: „Romberg-Steine begrenzen Zoo-Teich. Die Arbeiten an Dortmunds zukünftigem Zoo machen gute Fortschritte. An der riesigen Baustelle herrscht ein lebhafter Autobetrieb. Ständig fahren LKW große Mengen von Trümmerschutt, die für den Wegebau benutzt werden, aus der Innenstadt an. In diesen Tagen ist die Mauer des Teiches, der nunmehr langsam seine endgültige Gestalt erkennen lässt, fertig geworden.“

Ein vergilbtes Zeitungsfoto zeigt die halbrunde Abschlussmauer. Berichtet wird weiter, dass es sich um

Der Abbruch des Romberg-Schlosses beginnt.

Ruhrkohlensandsteine handelt, die vom teilweisen Abbruch des Schlosses Romberg stammen.
Der Tierpark entstand in der südlichen Verlängerung des Rombergparks über dem Grubenfeld der ehemaligen Zeche Glückaufsegen. Von 1953 bis 1959 war Gartenbaudirektor Konrad Glocker der erste Leiter des späteren Zoos. Anfangs legte man großen Wert auf die Bezeichnung „Tierpark". Dahinter stand die Absicht, möglichst einheimische Tiere zu zeigen und ihre Arten zu erhalten. In der Tat hatte der Tierpark den Charakter einer weitgehend natürlichen Landschaft. Mit dem Bestreben nach mehr Attraktivität und Internationalität kamen exotische Tiere hinzu und damit auch die Änderung des Namens in „Zoo". Heute hat der Zoo eine Fläche von 28 Hektar, auf der 265 Tierarten gezeigt werden. Der Dortmunder Zoo ist führend in der Zucht des Großen Ameisenbären.

Aus Steinen des Romberg-Schlosses entsteht die Mauer des Zoo-Teiches.

Rombergs oft makabre Streiche

Städte und Dörfer suchen heute verstärkt nach spektakulären Ereignissen oder kuriosen Persönlichkeiten, mit denen sie Besucher anlocken und sich von anderen Städten abheben können. Marketing eben. Manche Städte müssen krampfhaft Sensationen und Kuriositäten erfinden. Dortmund hat sie, möchte sie aber nicht immer vermarkten. Nachdem man einst gern die Streiche des Freiherrn von Romberg genüsslich ausgeschmückt hat, versteckt man sie jetzt bewusst, weil sie angeblich wissenschaftlicher Forschung nicht standhalten. Die meisten Streiche sollen so nicht stattgefunden haben, andere eben nicht in Dortmund spielen. Tatsächlich hat der tolle Baron vorwiegend auf dem Familiensitz in Buldern im westlichen Münsterland gelebt, wo vermutlich die meisten „Schandtaten“ stattgefunden haben. Die Erfahrung lehrt, dass an Überlieferungen immer „etwas dran“ ist. Das Brünninghauser Schloss hat sicherlich einige Kapriolen Rombergs erlebt. So auch eine weniger bekannte Begebenheit, die sich nur im Rombergschloss abgespielt haben kann.

Hans Albers spielte den Tollen Bomberg

Das schwarze Schaf der Familie von Romberg war der 1839 geborene Gisbert, ein Enkel von Gisbert I., der immer wieder mit ihm verwechselt wird. Gisbert trieb es so toll, dass Josef Winckler den westfälischen Schelmenroman „Der tolle Bomberg“ dazu verfasste. Aus Rücksicht auf die Familie Romberg wurde der Name in „Bomberg“ geändert. Das Thema gab nicht nur Stoff für einen Roman, gleich zweimal wurde es verfilmt. 1932 war Hans Adalbert Schlettow in der Rolle Bombergs zu sehen. 1957 verfilmte Hans Thiele den Stoff erneut. Diesmal sah man Hans Albers in der Rolle des Schelmen Bomberg. Mit von der Partie waren Harald Juhnke und Gerd Fröbe. Selbst das Dortmunder Theater soll ein Bomberg-Stück aufgeführt haben.

Dass der Baron nicht zimperlich war, beschreibt diese Geschichte: Gisbert von Romberg hatte mal wieder eine große Festgesellschaft auf sein Schloss in Brünninghausen geladen. Bei einem Rundgang führte er die Gäste auch in die Waffenkammer. Die festlich gekleideten Damen und Herren bewunderten gerade eine prächtige französische Kanone, da betätigte der Baron den Zünder. Bei dem ohrenbetäubenden Knall stürzten die Gäste zu Boden. Damen fielen in hysterische Schreikrämpfe und rannten verängstigt umher. Die Baroper Feuerwehr rückte an, weil man glaubte, das ganze Schloss sei gesprengt worden. Der „Schelm" hatte die Kanone am Vortag absichtlich laden lassen. Selbst schuld, hätten Zeitgenossen wahrscheinlich gesagt. Wer sich vom Schelmenbaron einladen ließ, musste immer auf spektakuläre Überraschungen gefasst sein.

Schloss Romberg, bombardiert im März 1945.

Wie Dr. Sonnenschein das Torhaus Romberg rettete

Die glanzvollen Zeiten mit rauschenden Festen auf heimischen Wasserschlössern und Burgen sind in Dortmund längst Vergangenheit. Das Haus Brünninghausen, auf dem als letztes Adelsgeschlecht die Familie von Romberg wohnte, wurde im Krieg fast ganz zerstört und dann von der Stadt Dortmund gründlich beseitigt. Das ebenfalls stark beschädigte Torhaus sollte nach dem Willen der Stadt auch einplaniert werden. Dem Ungehorsam des damaligen Leiters der Technischen Abteilung des Hochbauamtes, Dr.-Ing. Fritz Helmut Sonnenschein, und dem Bemühen des Landeskonservators ist die Rettung der Ruine zu verdanken. Nach dem Wiederaufbau von 1957 bis 1959 ist das Torhaus, eines der schönsten Renaissancedenkmäler Dortmunds, heute eines der Aushängeschilder der Stadt. Mehrmals im Jahr finden dort Ausstellungen und Konzerte statt. Außer dem Torhaus existieren nur noch der Torso eines Musikpavillons aus Rombergs Zeiten und Teile des Gutes.

Dr. Ing. Sonnenschein wird Hagener Museumsdirektor

Der aus Breckerfeld-Waldbauer stammende und in Dortmund in Ungnade gefallene Dr. Sonnenschein (1922–2004) wurde 1952 von der Stadt Hagen als freier wissenschaftlicher Mitarbeiter an das Forschungsinstitut für Technikgeschichte berufen, um die Planungen für ein Freilichtmuseum im Mäckingerbachtal voranzutreiben. Bei der Erarbeitung einer inhaltlichen Konzeption bezog sich Sonnenschein auf Pläne von Wilhelm Claas aus den 1930er Jahren. Sonnenschein, Jellinghaus und Walter K. B. Holz entwickelten immer wieder neue Pläne, stellten Kostenanschläge auf und überlegten, wie das große Projekt zu verwirklichen sei. Das Lied „Wer

Prof. Dr. Ing. Fritz Helmut Sonnenschein rettete das Torhaus des Romberg-Schlosses vor dem Abbruch.

soll das bezahlen", war nicht nur ein viel gesungener Schlager, es war die immer wiederkehrende Frage bei allen Überlegungen", sagte der erste Museumsdirektor Sonnenschein. Eine im Museum ausgestellte Planungszeichnung für die Museumsanlage, aufgestellt im März 1960, trägt Sonnenscheins Unterschrift und den Stempel „Dr.-Ing. F. H. Sonnenschein, Städt. Baurat, Dortmund, Vonder-Tann-Straße 27".

Das Freilichtmuseum Hagen mit seinen alten Häusern und Maschinen, die im Umkreis abgetragen und hier liebevoll restauriert und mit Leben erfüllt wurden, ist heute ein Publikumsmagnet, auch für die Dortmunder. Wer genau hinsieht, entdeckt nicht nur die alte Dampfmühle aus dem Dortmunder Gut Reichsmark, sondern auch einen aus dem 19. Jahrhundert stammenden Fliehkraftregler der „Baroper Maschinenbau-Actien-Gesellschaft, Barop i. W."

„Man nehme“

Die berühmte Kochbuchautorin Henriette Davidis (1801–1876) prägte den geradezu legendären Spruch „Man nehme!“ „Man nehme“ gehörte auch zum täglichen Vokabular meiner Mutter, ganz besonders in Zeiten, in denen man fast nichts von dem hatte, was man zur Verwirklichung von Henriettes Rezepten hätte nehmen sollen. Das Grab von Henriette Davidis besuchten wir immer dann, wenn wir zur Ruhestätte des Dortmunder Wundertäters Bruder Jordan Mai pilgerten.
Henriette Davidis wurde am 1. März 1801 in Wengern geboren. Auf ihrem Grabstein ist dagegen das Jahr 1800 angegeben. In Wengern, das heute ein Stadtteil von Wetter an der Ruhr ist, erinnert das Henriette-Davidis-Museum an die Buchautorin. Das bis 2010 im Dortmunder

Grab von Henriette Davidis auf dem Dortmunder Ostenfriedhof

Westfalenpark beheimatete Deutsche Kochbuchmuseum hatte ebenfalls einen großen Teil seiner Ausstellung der berühmten Autorin gewidmet. Gestorben ist Henriette Davidis am 3. April 1876 in Dortmund. Ihr Grab befindet sich auf dem Dortmunder Ostenfriedhof, wo der Grabstein manchmal mit einem bepflanzten Kochtopf geschmückt ist. Wenige Meter vom Friedhof entfernt ist Henriette Davidis eine Straße gewidmet.

Ranziges Fett mit Holzkohle „verfeinert"

Für die Kriegs- und erst recht für die Nachkriegszeit, in der viele Menschen, besonders in dicht besiedelten Großstädten, die schlimme Zeit der Hungersnot erlebten, konnte Henriette Davidis keine Ratschläge mehr geben. Viele andere Autoren schrieben sich die Finger wund, um den Hausfrauen zu vermitteln, wie sie aus „Nichts" etwas Essbares machen konnten. Noch während des Krieges erschien ein Kochbuch, das belehrte: „Jeder genießbare Speiserest werde mit Ehrfurcht behandelt – tüchtige Hausfrauen gestalten aus Resten oft die schönsten neuen Gerichte – Gemüsebrühe und Fischwasser enthalten hochwertige Nährstoffe – gesunde Obstschalen und Spargelschäle sind getrocknet hervorragend zu verwerten..." Der Schlusssatz lautet: „In diesem Kampf kann auch die Hausfrau Frontkämpferlorbeer ernten." Im Innern des Druckwerkes gibt es haarsträubende Ratschläge: „Ranziges Speiseöl frischt man wieder auf, indem man eine Brotrinde darin ausbrät. Ranziges Fett verliert seinen üblen Geschmack, wenn man es unter Zugabe einer Zwiebel oder Holzkohle nochmals auskocht. Dumpfig riechende Eier schlägt man in einen Teller und setzt sie einige Stunden der Luft aus; so werden sie wieder einwandfrei. Üblen Fleischgeruch beseitigt das Waschen mit rosarotem übermangansaurem Kaliwasser." Henriette Davidis hatte zu ihrer Zeit gut sagen: „Man nehme!"

Der ‚Faßverein', ein Dortmunder Unikat

Den Westfalen wird oft Behäbigkeit nachgesagt. Wenn es die Situation erfordert, können sie aber ganz schön pfiffig sein. Das zeigte sich an einem besonderen „Notfall". Da saßen einige Dortmunder Honoratioren mal wieder beim Wenker in der Krone am Markt und bemerkten in der regen Diskussion nicht, dass die Uhr schon 11 geschlagen hatte, sprich 23 Uhr unserer Zeit. Schon schaute der Gendarm herein und bestand darauf, das Lokal zu schließen. Um 11 Uhr abends war Zapfenstreich angesagt. Das heißt, der Zapfhahn wurde „gestrichen", mit dem Auslauf nach oben gedreht. Danach geht eben nichts mehr. Das wollten die durstigen Herren so nicht hinnehmen. Sie suchten einen eleganten Ausweg aus der Misere und gründeten förmlich den legendären Faßverein, der traditionsgemäß bis heute mit „ß" geschrieben wird. Die Gründungsmitglieder kamen meist aus dem Oberbergamt, oder es waren Juristen.
In den Vereinschroniken erfährt man einiges über stadtbekannte Mitglieder, darunter: Landgerichtsrat Heintzmann, Geheimer Regierungsrat Humperdinck, Bankdirektor Fahle, Landgerichtsrat Baeumer, Landgerichtsrat a. D. Theodor Schmieding, Rechtsanwalt Karl Tewaag, Königlicher Kommerzienrat Wilhelm Köster, Oberbürgermeister Wilhelm Schmieding, Erster Staatsanwalt Maiziere, Landgerichtsrat L. Gerstein, Grubendirektor F. Brand, Justizrat L. von Hövel, Königlicher Kommerzienrat Heinrich Wenker. Nach etlichen Faßgenossen sind, wegen ihres besonderen Engagements für das Gemeinwohl der Stadt Dortmund, Straßen benannt.

Gendarm verärgert fröhliche Zecher

Vor einigen Jahren stieß ich auf die Statuten der am 14. April 1854 gestifteten Gesellschaft „Faßverein" in einer Ausgabe von 1914. In der Einleitung heißt es: „Nachdem

Illustration aus den Statuten des Dortmunder Faßvereins aus dem Jahre 1914.

schon seit längerer Zeit unter dem Namen „Faßverein“ eine Gesellschaft zu gegenseitiger Zufriedenheit existiert hatte, beschloss dieselbe infolge einer nach eilf Uhr abends vorgekommenen unerwarteten Störung sich förmlich zu konstituieren und einigte sich über folgende Statuten.“ Der Paragraph 2 beschreibt: „Das Lokal der Gesellschaft bildet ein hinter der Wirtsstube gelegenes Privatzimmer

des Herrn Wenker in der Krone; im Sommer kann das Lokal nach der Kronenburg verlegt werden."
Paragraph 11 besagt: „Die Gesellschaft ist ausschließlich dem geselligen Vergnügen im engeren Kreise gewidmet und sucht darin ihren alleinigen Zweck." Damit ist fast alles gesagt. Der Faßverein ist kein Geheimbund, es gibt keine Uniform oder bestimmte Attribute. Mitglied kann nur werden, wer durch zwei Mitglieder eingeführt wird. Die Mitgliedschaft ist lebenslänglich, es sei denn, man tut sich durch unrühmliches Verhalten hervor. Jede Blume muss „angerieben" werden, das heißt, dass man bei vollem Glas mit den Tischnachbarn vor dem Antrinken anstoßen muss.

Politik und Religion sind tabu

Eine weise Regel enthält der Paragraph 53: „Über Politik und Religion darf nicht gekannegießert werden, ebenso ist fachsimpeln untersagt." Weise ist auch der nächste Paragraph: „Was im Faß gesprochen wird, bleibt innerhalb der Wände. Es ist unverträglich mit dem Charakter des Faßes, aus ihm zu plaudern." Noch heute sind es meist bekannte Dortmunder Persönlichkeiten aus leitenden Positionen, die sich im Faß zusammenfinden, um abseits von den Mühen des Alltags unbeschwert ein Gläschen Bier zu genießen. Dabei gilt die strikte Regel, dass die „Faßgemütlichkeit" nicht gestört werden darf.
Der Tradition entsprechend war der jeweilige Inhaber der Kronenbrauerei der „Hospes", der Gastgeber. Lange Zeit war das die Familie Brand. Der Faßverein hat sich bis heute gehalten, fast am alten Platz. Zwar nicht mehr im Privatzimmer des Herrn Wenker hinter der Wirtsstube, aber immer noch in der Krone am Markt in einem großen Raum im Untergeschoss. Heute ist Wolf-Dietrich Köster, Urenkel des 2. Faßpräsidenten Wilhelm Maximilian Baeumer, der 8. Faßpräsident. Bäumer war Mitbegründer des Kaiserhains.

Zur Kur nach Hohensyburg

Sagenhafte Pläne für Syburg, dem südlichsten Dortmunder Vorort, machten wenige Jahre nach Kriegsende Schlagzeilen. „Syburg soll Kurort werden. Große Pläne um einen kleinen Ort“, waren die Überschriften der „Ruhr-Nachrichten“ am 27. August 1949. Selbst die Zeitung „Die Welt“ zog einige Tage später mit dem Titel nach: „Syburg wird wieder Luftkurort.“

„Syburg, das kleine geschichtliche Dorf im Süden des Dortmunder Stadtgebietes ist in ganz Deutschland bekannt“, schrieben damals die Ruhr-Nachrichten. „Zehntausende haben es besucht, haben seine herrlichen Wälder durchwandert, haben von der Terrasse des Denkmals hinausgesehen in die sauerländische Landschaft. Haben sich in wohlfeilen Lokalen gestärkt. Da ist das große, jedem Anspruch und jedem Geldbeutel sich anpassende Kurhaus. Das schwere Artillerie-Duell der letzten Kriegstage schlug ihm harte Beschädigungen. Sie wurden in langer, aufbauender Arbeit beseitigt.“ Die Zeitung schrieb weiter, dass bis zum Herbst 20 Fremdenzimmer eingerichtet werden sollen. Bis zum Frühjahr 1950 sollte das Kurhaus das sein, was sein Name schon sagt. 50 Fremdenzimmer seien das Ziel sowie Pensionen und Fremdenheime. Auch die Gründung einer Aktien-Gesellschaft stehe bevor. Für den 7. September hatte der Nordwestdeutsche Rundfunk (NWDR) einen bunten Abend im Kurhaus vorbereitet. „Man kann fast von einer Eröffnung des Kurbetriebs sprechen“, hieß es euphorisch.

Die Zeitung „Die Welt“ schrieb am 6. September 1949: „Wenn es auch noch eine gewisse Zeit dauern wird, bis die heilungssuchenden Asthmatiker, Nervenkranke und Blutarme den Eisen, Arsen und andere Aufbaustoffe enthaltenden Petersbrunnen für Trinkkuren und Inhalationen wieder benutzen können, so wird doch Syburg mit der Hohensyburg in den nächsten Tagen offiziell den Betrieb als Luftkurort aufnehmen. Die gesunde Lage in 225 m Höhe bietet dafür beste Voraussetzungen. Syburg hat in diesem Sommer mit rd. einer halben Million Ausflüglern einen beachtlichen Besucheranstieg erfahren. 200 Fremdenbetten und zehn Gaststätten, darunter das Kurhaus mit Raum für 2000 bis 3000 Personen, stehen dem Luftkurort heute zur Verfügung."

Wunderquelle soll Scharen von Kurgästen anlocken

Zwei Tage später, am 8. September 1949, schrieben die „Ruhr-Nachrichten" vom verregneten ersten Kurkonzert, das darum in die Räume der in „Kurhaus" umbenannten Burggaststätte verlegt werden musste. Die Knappenkapelle der Zeche Minister Stein spielte auf. „Den Höhepunkt bildete die Uraufführung des vom Dirigenten Ilgemann vertonten Hohensyburgliedes, die einen rauschenden Beifallserfolg hatte. In den unteren Räumen fand später eine Ballnacht statt."

Am 4. März 1950 berichtet die „Westfälische Rundschau" vom Ausbau des historischen Petersbrunnens, aus dem heilendes Wasser sprudele. Eine weitere Quelle solle angezapft und dort ein Brunnen im Stile eines Kurortes angelegt werden, als achteckiger, strohbedeckter Pavillon. Das Kurhaus solle 35 neue Betten für Kurgäste erhalten, und in den nächsten Wochen stehe der Bau mehrerer Pensionshäuser bevor. Tatsächlich war der Petersbrunnen eine Quelle, der schon im Mittelalter wundersame Kräfte zugeschrieben wurden. Zahlreiche Prozessionen von Dortmund aus zu diesem Wunderbrunnen sind belegt. Daran wollte man nun anknüpfen.

Die Burgwirtschaftsbetriebe Ulmer, hoch über dem Hengsteysee. Hinten das Syburgdenkmal, 1938.

Von der Kneipe zur Burggaststätte und zum noblen Kurhaus

Die Syburger Gastronomie auf dem Berggipfel hatte um 1850 einen bescheidenen Anfang mit dem Bauern Hermann Henrich Schulte gemacht. Schulte war schon damals in der Steuerliste als Gastwirt verzeichnet. 1886 zerstörte ein Brand den Schultenhof. Auf dem Gelände der heutigen Spielbank entstand kurz darauf der neue Schultenhof, diesmal vorrangig als Gastwirtschaft mit Landwirtschaft im Nebenerwerb. Die Ausflügler liebten die Hohensyburg schon, als es die Hauptattraktion, das von 1893 bis 1902 gebaute Kaiser-Wilhelm-Denkmal, noch nicht gab. Wegen der ab der Denkmal-Einweihung zu erwartenden Besuchermassen erweiterte der Gastwirt an der Hangkante des Sybergs im Jahre 1900 seine Lokalitäten erheblich. Das Ergebnis waren 3000 Sitzplätze mit fantastischem Blick auf das Ruhrtal. Das Lokal nannte er um in „Burgwirtschaft".

Die damalige Provinz Westfalen, der heutige Landschaftsverband Westfalen-Lippe, kaufte 1910 die Bauten der Burgwirtschaft und die angrenzenden Grundstücke. Man war seitens der Behörde nicht sonderlich aktiv hinsichtlich der Pflege der Bausubstanz, denn 1953 musste das Gebäude wegen Baufälligkeit teilweise abgebrochen werden. An seine Stelle traten 1959 die „Ruhr-Terrassen", die erheblich kleiner waren als ihr Vorgängerbau. Sie boten „nur" noch Platz für 900 Personen. Pächter waren die Gebrüder Ulmer. Die Schänke bot Platz für 30 Personen. Das Speiserestaurant hatte 80 Plätze, die Kaffeehalle im Obergeschoss 105, der Blaue Saal 115 und das Rosenzimmer 45 Plätze. Der Traum vom Kurort Hohensyburg war inzwischen lange begraben. Dann hauchten 1982 auch noch die „Ruhr-Terrassen" ihre traditionsreiche „Seele" aus. Sie mussten dem Neubau der Spielbank weichen. Eröffnung war am 28. Juni 1985 mit Sammy Davis Junior.

Obligatorischer Sonntagsausflug zu den beliebten Ruhr-Terrassen, 1960er Jahre. Hier bot sich ein herrlicher Blick auf Ruhr, Lenne und Hengsteysee.

Robert Schumann lobt den Komponisten Wilsing

Ein Straßenschild in der Dortmunder Gartenstadt, nahe der Bundesstraße 1, trägt den Namen Wilsingweg. Es war nicht ganz leicht, die namensgebende Person auszumachen. Da half das Dortmunder Stadtarchiv. Die Straße ist dem Komponisten Daniel Friedrich Eduard Wilsing gewidmet, der zu den bedeutenden Komponisten seiner Zeit zählte. Geboren wurde er am 21. Oktober 1809 in Hörde als Sohn des reformierten Predigers Johann Wilhelm Wilsing und der Wilhelmine Sophia Preller aus Dortmund.

Die Familie Wilsing wohnte in dem alten Pastorat in der Tiefe-Straße. Über die Kindheit und Jugend von Daniel Friedrich Eduard Wilsing im Emschertal am Semerteich ist sehr wenig bekannt. Sein Elternhaus wird als tiefreligiös beschrieben. Hier soll der Grundstein für seine spätere musikalische Entwicklung und die von religiösen Empfindungen getragenen Werke gelegen haben. Nach mehrjährigem Besuch des Dortmunder Gymnasiums kam Wilsing auf das Lehrerseminar in Soest. „Hier in den düsteren grauen Kreuzgängen des alten Klosters verstärkte sich sein Hang zu grübeln“, heißt es in einem Artikel. „Zugleich wurde aber auch hier der Grund gelegt zu seinem musikalischen Schaffen“, schreibt die Zeitung weiter. Ausgezeichnete Zeugnisse seien der Lohn gewesen.

Wilsing fällt in Wesel in Ungnade

Als Gesangslehrer und Organist wirkte Wilsing von Oktober 1829 bis April 1834 in der evangelischen Gemeinde Wesel an der „Großen“ Kirche (St. Willibrordi) und der Mathenakirche (im Zweiten Weltkrieg zerstört). Sein bescheidenes Gehalt betrug 100 Taler und 19 Silbergroschen pro Quartal. Der Gesangsunterricht mit

den Kindern, deren mangelhafte Disziplin Wilsing beklagte, behagte ihm absolut nicht, was sich negativ auf sein Engagement auswirkte. Im Weseler Kirchenarchiv findet sich im Presbyteriumsprotokoll vom 21. Januar 1834 folgender Eintrag: „Es wurde einstimmig der Beschluß gefaßt, dem Wilsing wegen seiner vielfachen Versäumnisse seine Stelle als Organist und Gesangslehrer auf dem Grund des Protokolls vom 12. Nov. 1832 § 1 aufzukündigen, und zwar so, daß er ein Vierteljahr nach dem Termin der Kündigung derhalben entlassen seyn soll.“ In der Reihe der Protokolle fehlt leider das angesprochene Protokoll von 1832, das weitere Details zu dem unrühmlichen Rauswurf liefern könnte.
Wilsing, Urenkel des Dortmunder Marienkantors Johann Gottlieb Preller, war mit der Sängerin Auguste Lange verheiratet. Das Paar hatte einen Sohn, den späteren Professor Dr. Daniel Moritz Wilsing. In einem Aufsatz in „Die Musikforschung“, 18. Jahrgang 1965, schreibt Reinhold Sietz, Wilsing scheine wohlhabend und glücklich verheiratet gewesen zu sein. Es wird von reicher musikalischer Tätigkeit berichtet und der Mitgliedschaft in der Singakademie. Gute Beziehungen zu musikalischen Größen der damaligen Zeit werden genannt.
Wilsing schrieb ein- und mehrstimmige Lieder, Sonaten für Klavier, Violine, Cello, Oboe, Fagott und andere Instrumente. Daneben komponierte er zwei größere kirchliche Werke. Großes Lob erhielt der 129. Psalm „De profundis“ (aus der Tiefe) für einen 16-stimmigen Chor und Orchester. Dieses Werk, von der Singakademie unter Grell's Leitung aufgeführt, verhalf dem Komponisten zur goldenen Medaille für Kunst und Wissenschaft, die ihm 1851 durch Friedrich Wilhelm IV. verliehen wurde. Robert Schumann lobte dieses Werk und zählte es zu den „größten und gewaltigsten Meisterwerken unserer Zeit“.

Der von Robert Schumann hoch gelobte Komponist Daniel Friedrich Eduard Wilsing in jungen Jahren.

Schumann nennt Wilsing einen „hochaufstrebenden Künstler"

Schumann erwähnt an anderer Stelle den „hochaufstrebenden Künstler der jüngsten Zeit, den tiefsinnigen, großer Kunst beflissenen geistlichen Tonsetzer Wilsing". Von den übrigen Werken wären die drei großen Oratorien zu nennen für Klavier in F-moll, D-dur, Es-dur, Caprice in A-dur, Sonate in Fis-dur, Trio in B-dur für zwei

Oboen und Fagott, die Fantasie in Fis-moll. Als zweites Hauptwerk Wilsings wird das dreiteilige Oratorium „Christus“ angesehen. Dafür spricht auch, dass Professor Arnold Mendelssohn, ein Schüler Wilsings, den 1. und 2. Teil dieses Werkes in der Bonner Beethovenhalle aufführte. Gerade diese Partitur, an der der Komponist fast 40 Jahre gearbeitet hatte, ist seit 1945 aus der Berliner Staatsbibliothek verschwunden. Wilsing war, wie der gleichaltrige Felix Mendelssohn Bartholdy, Schüler von Ludwig Berger. Felix Mendelssohns Vetter Arnold Ludwig Mendelssohn (1855–1933) war wiederum Schüler von Wilsing.

Eigenbrötler verbrennt alle Dokumente und Partituren

Die Dortmunder Stadt- und Landesbibliothek hütet in ihrem Bestand den Schriftwechsel Wilsings mit Moritz Bermann. In dem Buch „Dortmund, eine Stadt in Briefen und Manuskripten“ schrieb 1982 der damalige Bibliotheksleiter Alois Klotzbücher, Bermann habe die Absicht gehabt, ein „Biographisches Lexikon der Tonkünstler“ herauszugeben.
Trotz der allgemeinen großen Anerkennung seiner Werke war es Wilsing nicht gegeben, sich in der Öffentlichkeit Geltung zu verschaffen. Er war ein Eigenbrötler, der nur wenige Werke drucken ließ. Um die Vielzahl seiner Eigenarten abzurunden, sei daran erinnert, dass Wilsing schließlich an seinem Lebensende alle persönlichen Dokumente, die Partituren eingeschlossen, vernichtete. Ursache für sein Handeln soll eine schwere geistige Erkrankung gewesen sein, die auch weitere Kompositionen verhindert hatte. Daniel Friedrich Eduard Wilsing starb am 2. Mai 1893 in Berlin.

Seilfahrt zur 8. Sohle der Zeche Kurl III.

Da hatte uns Freund Udo etwas eingebrockt! Als wir im Freundeskreis die Jahresplanung besprachen, sagte Udo, er habe die Möglichkeit, mit uns in ein echtes Bergwerk einzufahren. Sogar die Frauen dürften mit. Wir ulkten und sagten leichtsinnig: „Warum nicht?" Je näher der Termin kam, umso mulmiger wurde uns. Udo provozierte auch noch: „Da müssen Männer und Frauen mit den Kumpels zusammen in der Kaue unter die Gemeinschaftsdusche."

Am 11. Juni 1976 fuhr unser Freundeskreis zur Zeche Gneisenau. Mit von der Partie waren die Paare Lilo und Udo, Ellen und Hans, Uschi und Klaus, Anni und Gerhard, Elke und Klaus, Ingrid und Horst, Monika und ich. Monikas Bruder Bernd war allein dabei.

Vom Treffpunkt Zeche Gneisenau ging es um 14:30 Uhr weiter zum Schacht Kurl III. Ein großes Aufgebot begrüßte uns. Warum, erfuhren wir später. Man vermutete, wir alle seien, wie Udo, beim Finanzamt und könnten die Kumpels bei den Steuererklärungen beraten. Unsere Begleiter waren der Obersteiger, Steiger, Sicherheitsingenieur und der Betriebsrat. Mit Erläuterungen über die Entstehung der Kohle, die Größe der Zeche, Belegschaftsstärke und Fördermenge begann die Führung. Man plante, die derzeitige Fördermenge bis zum Jahr 2020 beizubehalten. 1974 hatte Gneisenau mehr als 6300 Bergleute beschäftigt, die mit 4,2 Millionen Tonnen Steinkohle die bisher höchste Jahresproduktion erreichten. Obwohl man bis 2020 geplant hatte, wurde die Zeche schon am 4. August 1985 stillgelegt. Das Zechensterben endete mit der Stilllegung der letzten Dortmunder Zeche, Minister Stein, im Jahr 1987.

Mit Bergmannsausrüstung 800 Meter unter Dortmund

Vor der Seilfahrt in den Berg machte uns die Einkleidung richtig Spaß. Die Privatkleidung musste gänzlich abgelegt werden. Frauen und Männer bekamen die gleiche Kluft. Frauen waren im Bergbau lange Zeit nicht zugelassen. Bei uns durften sie mit, wegen des Finanzamtsirrtums. Wir bekamen grobe Socken, lange graue Unterhosen und Unterhemden, blau-weiße Arbeitshemden, weiße Arbeitsanzüge, Schweißtücher, Schienbeinschoner, Handschuhe, Arbeitsschuhe mit Stahlkappe und Schutzhelme. Zuletzt wurden die Lampen an den Helmen befestigt. Die schweren Batteriekästen kamen in die Jackentaschen. Etwas unwohl wurde uns bei der Aushändigung der Schutzmaske mit Filter für den Notfall. Erst jetzt kam uns der Gedanke, dass bei einem Unfall sämtliche 17 Kinder des Freundeskreises gleichzeitig zu Vollwaisen werden könnten.

Nun kam der wirklich abenteuerliche Teil. Der Förderkorb sah nicht vertrauenerweckend aus, aber die Bergwerksprominenz fuhr ja mit. Nach einem Läutesignal sauste der Korb mit sieben Metern pro Sekunde abwärts. An der 8. Sohle stoppte er in 760 Metern Tiefe. Wasser tropfte auf den Helm, und ein unangenehmer Druck lag auf den Ohren. Alle schauten etwas unglücklich. Den Fotoapparat musste ich leider oben lassen, wegen möglicher Explosionsgefahr durch den Blitz. In einem großen Stollen ging es durch selbstschließende Türen. Im Halbdunkel wurden mehrere kleinere Stollen durchquert. Es wurde strapaziös, über Schienen, Geröll, Stempel oder Fels zu stolpern. Mehrere Freunde mit meiner Körpergröße um 1,90 Meter schlugen mit dem Helm ständig gegen Hindernisse. Bei dicker Arbeitskleidung, 28 Grad und immer dichter werdendem Kohlenstaub pochte das Herz bis zum Hals, und der Schweiß lief in Strömen. Die Stimmung ging in den Keller. Einigen Frauen, die Pro-

Erschöpft, aber glücklich aus dem 800 Meter tiefen Bergwerksstollen zurück.

bleme hatten, nahmen die Begleiter die schweren Akkus ab. Freundliche Kumpels, von denen man im Halbdunkel nur die weißen Augäpfel sah, reichten eine Prise Schnupftabak und wünschten „Glück auf!"

In grauer Unterwäsche bei Bier und Schnittchen

Wir wurden tatsächlich bis zur Abbaustelle geführt, dort, wo der Hobel die Kohle bricht. Hydraulische Stempel hielten das 800 Meter hohe Gebirge über unseren Köpfen fest. Vorn schrappte der Hobel, und hinter uns schützte ein Kettenvorhang vor dem abstürzenden Gestein. Durch das einstürzende Gebirge sei der Lanstroper See entstanden, sagte der Obersteiger. Das trug nicht zu unserer Ermunterung bei.

Nach zweistündigem Stolpern – die Beine wurden immer schwerer – erreichten wir wieder den Förderkorb. Alle wollten schnellstens unter die Dusche. Das wurde uns verwehrt. „Dann seid ihr andere Menschen", hieß es. Wir durften nur das Unter- und Arbeitshemd und die lange Unterhose anbehalten und mussten ungewaschen an den Tisch. Zum „Klarspülen" gab es einen Schnaps, dann Schnittchen und Bier. Lilo entdeckte, dass allein ihre Unterhose keinen Schlitz hatte. Irrtum, sie hatte sie nur falsch herum angezogen.

Das Gefühl der Befreiung, heil aus der Tiefe ins Leben zurückgekehrt zu sein, breitete sich immer mehr aus. Der Betriebsleiter war hinzugekommen und freute sich über alle Maßen, dass wir aus vollem Hals sämtliche Strophen des Steigerliedes auswendig sangen. Er schlug begeistert im Takt auf den Tisch, bis sein Stuhl zusammenkrachte. Wir lachten herzhaft. Seine Belegschaft enthielt sich diskret.

Für die Damen waren Kabinen von Steiger und Obersteiger reserviert. Das vor Stunden in die Wannen eingelassene Wasser war mittlerweile abgekühlt. Wir Männer hatten Duschen. „Der Grubenadam wird abgewaschen, der Erdenadam kommt wieder zum Vorschein", schrieb Max von der Grün in „Irrlicht und Feuer". Zur Erinnerung an die Tortur unter Tage bekam jeder einen „Lehrhauer-Brief" ausgehändigt. Spät am Abend verließen wir das Gelände durch das Zechentor.

Ein Hüttenmann auf Wanderschaft

Wer in den 1960er Jahren aus dem Dortmunder Hauptbahnhof in Richtung City zur Katharinentreppe strömte, wurde von einem markanten Mann empfangen. Es war die überlebensgroße Bronzestatue „Hüttenmann“. Die Dortmunder Künstlerin Friedel Dornberg hatte die Skulptur 1953 geschaffen, allerdings für einen ganz anderen Standort.

In den 50er Jahren wollten die Planer den Hördern etwas Gutes tun. Um den Neumarkt zu verschönern, bauten sie dort ein Brunnenbecken auf, dessen Rand der über zwei Meter große Hüttenmann krönte. Der erwählte Standort bot einen direkten Bezug zur Umgebung. Nur einen Steinwurf entfernt lag der Arbeitsplatz des Hüttenmannes im damaligen Hochofenwerk. Der Stahlarbeiter mit hochgeklapptem Hitzeschutzschild am Helm und langer Lederschürze ist, der Thematik entsprechend, in groben Konturen geformt. So sah man einst die Hüttenarbeiter beim Abstich des Hochofens, umgeben von glühendem und Funken sprühendem Roheisen, ihr Brot verdienen.

Hüttenmann muss Botta weichen

Die Hörder hatten nicht lange Freude an ihrem Hüttenmann. Beim Umbau des Bahnhofsvorplatzes stellte man ihn 1959 an den Teich vor der Katharinentreppe. Dortmunds stärkster Wirtschaftszweig, die Stahlindustrie, sollte hier präsent sein. Bei der erneuten Umplanung des Bahnhofsvorplatzes durfte der Arbeiter nicht mehr an so exponierter Stelle verbleiben. Vielleicht schämte man sich seiner. Er passte nicht zum Neubau der durch den italienischen Stararchitekten Mario Botta geplanten Stadt- und Landesbibliothek. Der Hüttenmann wurde in den Westfalenpark „abgeschoben“, was nicht heißen soll, dass der Westfalenpark kein attraktiver Ort ist. Der Hüttenmann stand aber hier verloren zwischen

Bäumen und konnte „seine" Hochöfen nur noch erahnen. In einem Artikel für die Ruhr-Nachrichten machte ich auf den Verlassenen aufmerksam. Redakteur Peter Bandermann griff die Sache auf. Bei einem Gespräch mit der Leiterin des Westfalenparks, Annette Kulozik, sagte diese: „Wenn der Hüttenmann ein solches Heimweh nach Hörde hat, soll er auch wieder dorthin." Ich war verblüfft, dass das so einfach sein sollte. Kontakte mit dem Projektleiter der LEG für Phoenix-West, Franz Große-Kreul, machten Hoffnung.

Dann ging es ganz schnell. Für den 18. Mai 2009 wurde die Enthüllung angesetzt. Jörg Skubinn, der Leiter der Marie-Reinders-Realschule, bot an, mit seiner Big-Band zu erscheinen. Das Wetter war traumhaft, als Stadtdirektor Ullrich Sierau, Dr. Heyer von der LEG mit mir gemeinsam den Hüttenmann enthüllten. Und es trat das ein, was ich mir gewünscht hatte: Die ersten Besucher umarmten den Hüttenmann und ließen sich mit ihm vor der Hochofenkulisse ablichten.

Ab 1959, dem Jahr der ersten Bundesgartenschau in Dortmund, stand der Hörder Hüttenmann an der Katharinentreppe am Hauptbahnhof. Die moderne Ladenzeile steht längst nicht mehr.

Ein Schiff wird kommen ...

Auswärtige Besucher schauen oft ungläubig, wenn man von einem Hafen in Dortmund spricht. Dabei hat Dortmund mit 10 Hafenbecken und 26 Hektar Wasserfläche den größten Kanalhafen Europas aufzuweisen. Das alles fing mit den Überlegungen an, eine künstliche Wasserstraße von der Nordsee bis ins Revier zu schaffen. Die örtliche Industrie hatte gegenüber den am Rhein liegen-

Dortmunder Hafen im Jahre 1939. Romantische Ansicht mit Dampfkähnen.

den Standorten enorme Nachteile. Darum baute man mit dem Dortmund-Ems-Kanal eine Verbindung zur Nordsee, von Dortmund bis nach Emden.
Am 9. Oktober 1895 konnte der erste Spatenstich für den Dortmunder Hafen durch Oberbürgermeister Schmieding getan werden. Drei Jahre dauerten die Bauarbeiten, die fast 6,5 Millionen Reichsmark verschlangen. Der erst Dampfer, der hier am 9. März 1899, noch vor der offiziellen Einweihungsfeier seine Fracht löschte, hieß „Dortmund". Die offizielle Einweihung des Hafens durch den deutschen Kaiser Wilhelm II. war mit Hindernissen verbunden. Der am 5. Februar abgeschickten Einladung des Dortmunder Oberbürgermeisters für den 3. August 1899 folgte fünf Tage später die Zusage. Die Freude war groß, aber kurz. Anfang Juli sagte der Kaiser wieder ab. Tiefe Enttäuschung machte sich breit. Waren alle Vorbereitungen für den ersten Kaiserbesuch seit Jahrhunderten vergebens? Die endgültige Zusage kam dann aber am 7. August für den 11. August. Kurzfristiger ging es kaum, aber man war ja vorbereitet und hatte mittlerweile 170 000 Mark investiert. Nun machte sich Hektik breit.

Kaiserzimmer ohne Kaiser

Für diesen großen Anlass hatte man im attraktiven Gebäude des soeben fertiggestellten Hafenamtes ein besonderes Zimmer für den Kaiser eingerichtet. Ärgerlich nur, dass der Kaiser weder den Raum noch das Hafenamt betrat. Noch heute wird das „Kaiserzimmer" bei Führungen gezeigt. Das 1899 eingeweihte Hafenamt entstand nach Plänen des Architekten und Stadtbauinspektors Friedrich Kullrich. Der Bau erinnert an die holländische Bauweise des 17. Jahrhunderts. Unter der Brüstung des Kaiserzimmers sind die Wappen der Städte Emden und Dortmund angebracht. In der Flurhalle erinnert auf dem Mosaikboden eine mittelalterliche Kogge mit gehissten Segeln an die Zugehörigkeit Dortmunds zur Hanse. In der Fest-Nummer der Dortmunder Zeitung anlässlich des Kaiserbesuchs fand sich auf der Titelseite ein Gedicht, dessen erste Strophe lautet:

Alt-Dortmund fuhr stolz übers blaue Meer.
Die Hanse-Farben wehten hoch im Winde,
Und stark gewappnet stands in fester Wehr,
Westfälisch Herz trug Kaufmann und Gesinde.

Im Jahr 1900 beförderte man im Hafen 29 400 Fahrgäste im Personenverkehr. Heute kann man mit den Ausflugsschiffen Santa Monika I und II mit bis zu 250 Personen Rundfahrten unternehmen. Beliebtes Ziel bei Familienfeiern, Seminaren und Hochzeiten ist das historische Schiffshebewerk in Henrichenburg.

Der Hafen selbst ist eine Erfolgsgeschichte. Das Umfeld hat es dagegen bisher nicht geschafft. Erfreuliche Ansätze mit attraktiver Gastronomie schlugen mehrfach fehl. Der Traum vom regen Publikumstreiben mit Hafenambiente hat sich noch nicht erfüllt.

Generalsekretär Michail Gorbatschow beim Besuch der Dortmunder Westfalenhütte.

Gorbatschow besucht die Westfalenhütte

Die Aufregung war groß. „Gorbatschow kommt zur Westfalenhütte!“, hieß es. Wie war das zustande gekommen? Bei einem Besuch Moskaus durch den Bundeskanzler Helmut Kohl im Jahr 1988 waren auch Hoesch-Betriebsräte zu Gast. Man erfuhr, dass Gorbatschow zu einem Gegenbesuch nach Deutschland kommen wolle. Der Dortmunder Hoesch-Gesamtbetriebsratsvorsitzende Werner Nass lud das Staatsoberhaupt ein, dabei auch das Dortmunder Stahlwerk zu besuchen. Was keiner glaubte, erfüllte sich. Gorbatschow sagte zu. Der IG Metall-Vorstand in Frankfurt war verärgert über den Alleingang von Nass und kam nicht nach Dortmund.
Die Vorbereitungen verursachten den für die Sicherheit Verantwortlichen von Hoesch erhebliche Kopfschmerzen. Willi Schoof, Betriebsleiter des Werkschutzes, erinnert sich an schlaflose Nächte nach einer Bombendrohung. Alle Kanäle auf der Strecke durch das Werk wurden untersucht und die Deckel zugeschweißt. Die zur Teilnahme vorgesehenen Werksangehörigen wurden quasi „durchleuchtet“. Man checkte, ob sie nichts auf dem Kerbholz hatten. Wer zugelassen wurde, erhielt einen nummerierten, namentlich ausgestellten Ausweis.

Das Ereignis wollten wir, mein Kollege Gerhard und ich, uns natürlich nicht entgehen lassen. Wir waren „sauber“ und durften teilnehmen. Von unserem Büro an der Springorumstraße 19 aus konnten wir am 15. Juni 1989 die durch das Werk strömenden Menschenmassen beobachten. Dann machten wir uns ebenfalls auf den Weg zur riesigen Halle der Conti-Glühe. Es war natürlich Betriebsruhe und alles sorgfältig vorbereitet. Aufkleber wurden verteilt, die an den denkwürdigen Besuch erinnern sollten. Auf Deutsch und Kyrillisch war auf einem großen Transparent in der Halle zu lesen: „Die Hoesch-Mitarbeiter grüßen Generalsekretär Gorbatschow!“ 8500 Betriebsangehörige waren zu diesem geschichtsträchtigen Ereignis zugelassen. Die jubelten, schwenkten die weißen Helme und riefen aus voller Kehle immer wieder: „Gorbi, Gorbi!“

Friedensnobelpreis für Gorbatschow

Was hatte man für den Besuch Gorbatschows nicht alles auf die Beine gestellt. Sogar ein unbedeutender Bundesbahn-Haltepunkt nahe dem Werkstor wurde hergerichtet, damit der Zug mit den Ehrengästen hier halten konnte. Raissa, die sympathische Ehefrau des Generalsekretärs, eroberte gleich die Herzen. SPD-Ehrenvorsitzender Willy Brandt und NRW-Ministerpräsident Johannes Rau waren zugegen. Der damalige Hoesch-Vorstandschef Rohwedder stand diesmal nicht so im Vordergrund wie Werner Nass, der den Besuch letztlich eingefädelt hatte. Niemand konnte beim Gorbatschow-Besuch im Werk Westfalenhütte ahnen, was dieser Staatsmann mit seiner Perestroika-Politik bald bewirken würde. An den möglichen Fall der Mauer dachte noch niemand. Werner Nass sagte: „Wenn es nach den Stahlarbeitern ginge, hieße der Friedensnobelpreisträger 1989 Michael Gorbatschow.“ Ein Jahr später wurde ihm dieser Preis tatsächlich verliehen.

J.R. Ewing auf Ölsuche am Phoenix-See

Oberbürgermeister Ullrich Sierau bezeichnete den Phoenix-See in Dortmund-Hörde bei seiner offiziellen Flutung am 1. Oktober 2010 als „Jahrhundertprojekt“. In der Tat sucht dieses mutige Projekt wahrscheinlich weltweit seinesgleichen. Mit der sagenhaften Geschichte dieses Vorhabens ist auch meine ganz persönliche berufliche Geschichte untrennbar verbunden.

Die Idee zur Seeplanung soll Dortmunds Stadtplaner Norbert Kelzenberg beim Straßennamen „Seekante“ gekommen sein. Die Seekante war im Mittelalter der Damm, der die Emscher zu den großen Mühlenteichen aufstaute, quasi die ersten „Phoenix-Seen“. Hier, am Flusslauf und in der Nähe von Kohle- und Erzvorkommen, sah Werksgründer Hermann Dietrich Piepenstock 1840 den idealen Standort für sein Stahlwerk. Das Werk expandierte bald so gewaltig, dass aus allen Landesteilen Mitarbeiter angeworben wurden. Auch mein Großvater verfiel den salbungsvollen Werbesprüchen. Aus einem kleinen idyllischen Dorf kommend, begann er seine Tätigkeit in der Hörder Stahlgießerei. Ungekannte Staubmengen, Lärm und große Hitze bestimmten nun sein Leben, das sich bisher in wogenden Kornfeldern und auf dem heimischen Bauernhof abgespielt hatte. Seine beiden Söhne, darunter auch mein Vater, arbeiteten im gleichen Betrieb.

Drei Generationen leben vom Werk

In der dritten Generation ging ich bei der Dortmund-Hörder-Hüttenunion in die Lehre. Den Großteil meiner Dienstzeit arbeitete ich in der Revision, die auf allen Werken Außenstellen hatte. Die Zentrale war anfangs im Werk Union, dann im Werk Westfalenhütte, im Privathaus Springorumstraße 19. Links neben uns wohnte der Zeugwart von Borussia Dortmund, Walter Betzer. Da hingen ständig die Borussen-Trikots auf der Leine, die seine Frau gewaschen hatte. Nebenan wohnte ein Betriebsschef, der tatsächlich zwei Reitpferde im Garten stehen hatte und sonntags durch das Werk ritt. Mein Chef meinte, unser Büro mit Terrasse und Garten mit Obstbäumen habe einen hohen Freizeitwert. Zeitweise vertrat ich meinen Kollegen in der Tullvilla, gleich gegenüber der Hörder Burg. Später konnte ich auch noch meinem Sohn Michael, der vierten Familiengeneration, in den Semesterferien zu Gelegenheitsarbeiten im Hoesch-Werk verhelfen.

Viele Höhen und Tiefen erlebte ich. Immer wieder gab es Krisen und große Streiks. Ängste um die Schließung der Abteilung waren mehrmals durchzustehen. Übernahmen und Kooperationen und 1991 die „feindliche Übernahme“ durch Krupp mit neuen Rationalisierungen, zerrten an den Nerven. 1992 ging ich frühzeitig in Pension. Noch 1993 wurden allein im Hörder Werk 10220 Beschäftigte gezählt! Doch es ging rapide bergab. 2001 erhielt ich die Einladung zur Teilnahme an der letzten Schmelze im Hörder Werk am 28. April. Die Werksschließung hatte niemand erwartet. Selbst bei hartgesottenen Stahlarbeitern flossen die Tränen.

Naturnaher See, wo 160 Jahre Stahl gekocht wurde

Schon bald begannen 300 Chinesen mit dem Abbau der Anlagen, die umgehend nach China verschifft wurden. Als Vorstandsmitglied des Hörder Heimatvereins gehörte ich zu den Akteuren, die die letzte Thomasbirne für die Nachwelt vor Ort retteten. Im März 2005 flog ich als offizielles Hörder Delegationsmitglied mit nach Schanghai, wo wir unser demontiertes Oxygenstahlwerk wieder voll in Betrieb bestaunen konnten. Daheim ging es mit den Abbrucharbeiten der Werkshallen munter voran. Am 13. Mai 2005 war ich dabei, als an meinem früheren Arbeitsplatz der erste Spatenstich zu einem See getan wurde. Kritiker lachten anfangs über das Vorhaben. Im Juni 2006 begleitete ich die Rammung der ersten Spundbohle für das Hafenbecken, direkt vor „meiner“ Tullvilla, die ich später vor dem Abbruch bewahren konnte. Die Flutung der Emscher im naturnahen Bett war für mich am 18. Dezember 2009 ein beeindruckendes Erlebnis. Ich hatte den Fluss hier vorher nie zu Gesicht bekommen, außer als verrohrte Kloake. Dann kam das größte der Ereignisse. Mit meiner Frau war ich zur offiziellen Seeflutung am 1. Oktober 2010 eingeladen. Eine unwirkliche Station an meinem einstigen Wirkungsbreich. Wo 160 Jahre lang glühender Stahl mit Dreck und Schadstoffen den Boden „vergewaltigt“ hatten, sollte nun ein naturnahes Gewässer entstehen? Jubelnde Menschen; die Dortmunder Philharmonie intonierte Händels Wassermusik, und dann floss das Wasser in den See!

Begegnung mit Dallas-Fiesling J. R.

Auf der Bühne wurde als Überraschungsgast Larry Hagman angekündigt. Ein gutes Double, dachte ich. Von wegen Double! Wenig später stand er in Begleitung des Dortmunder Oberbürgermeisters Ullrich Sierau im VIP-Bereich leibhaftig vor mir. Fast so, wie ich ihn als „Ekel“ J. R. Ewing in der Fernsehserie erlebt hatte. Mit dem unverkennbaren Stetson auf dem Kopf grinste er mich an. Volle 13 Jahre lang, von 1978 bis 1991, hat Hagmann den „J.R.“ in der Dallas-Serie verkörpert. 356 Folgen und zwei Filme wurden davon in der gleichnamigen texanischen Stadt Dallas gedreht. Das erste Deutsche Fernsehen strahlte die Serie erstmals am 30. Juni 1981 aus. J.R. leitete darin die Firma Ewing Oil. In einem Interview erzählte Hagman 2010, er gehe heute noch mit seiner damaligen „Film-Gattin“ Linda Gray, alias Sue Ellen, jede Woche einmal essen.

Ein Gast fragte mich beim Flutungsfest, was denn der Ölmulti „J. R.“ jetzt am Phoenix-See wolle. „Vielleicht sucht er nach Ölresten aus dem alten Hüttenwerk“, frozzelte ich.

Begegnung mit Larry Hagman, dem einst legendären „J. R. Ewing“ aus der Erfolgsserie Dallas, bei der Flutung des Phoenix-Sees.

Chinesischer Advent im Stahlwerk

Als einige hundert Chinesen das 2001 stillgelegte Hörder Stahlwerk abbrachen und die Adventszeit nahte, beriet man im Stadtbezirksmarketing, wie man den Kontakt zu den Chinesen verbessern und ihnen einen Hauch von deutscher Weihnacht vermitteln könne. Im Stiftsforum, im einstigen historischen Braukeller, wurde eine kleine Feier organisiert. Da stand ein geschmückter Weihnachtsbaum und Weihnachtslieder erklangen. Es gab Spekulatius und Kaffee. Die Chinesen staunten. Die Leitung des chinesischen Abbruchunternehmens und der Bezirksvorsteher wechselten freundliche Worte. Am deutschen Kaffee fanden die Gäste scheinbar wenig Geschmack. Nach dem offiziellen Teil wurde Bier gezapft. Da sah die Welt schon anders aus. Was mochten die Chinesen von der Veranstaltung, einer Vorbereitung auf das Fest der Geburt Christi, halten? Wir wissen es nicht. Die Mehrheit der Chinesen bekennt sich jedenfalls zu keiner Konfession. Die Zahl der Christen ist minimal. Man schätzt den Anteil der Protestanten auf etwa 1,2% und den der Katholiken auf knapp 0,4%.

Christi Geburt auf Chinesisch

Szenenwechsel. Am 9. April 2008 hatte ich Gelegenheit, mit einem Beauftragten der Phoenix-See-Entwicklungsgesellschaft in dem Verwaltungsgebäude neben der Burg nach verwertbaren Unterlagen für unser Heimatmuseum zu suchen. Da kamen Erinnerungen an die Zeit auf, in der ich selbst in diesen Räumen am Schreibtisch gesessen hatte. Jetzt war alles ein einziges Chaos. Beim Abbruch des Werkes waren hier die chinesischen Arbeiter einquartiert gewesen. Sie hatten alles hinterlassen, was sie nicht mit in die Heimat nehmen wollten. Und das war eine Unmenge. Die gesuchten Akten fand ich nicht. Stattdessen fielen mir aus der Abbruch-

Abbruch den Oxygenstahlwerks durch die Chinesen.

zeit die chinesischen Zeitungen „Sing Tao Daly“ und „The Epoch Times“ von Ende Oktober 2002 in die Hände. Dazu handgeschriebene Notizen, in chinesischen Schriftzeichen mit rotem Filzstift zu Papier gebracht, von denen ich bis heute nicht weiß, was sie bedeuten. Verblüfft war ich über eine Broschüre mit chinesischer Schrift, auf dem Titelbild die angehende Heilige Familie auf Herbergssuche. Josef führt den Esel, auf dem die schwangere Maria sitzt. Bei näherem Hinsehen entpuppte sich das Blatt als „Wachtturm“, der Zeitschrift der Zeugen Jehovas, mit Datum 15. Dezember 2002. Ob der weihnachtliche Missionierungsversuch bei den Chinesen Erfolg hatte, war nicht zu erfahren.

Bruder Jordan – Dortmunds heimlicher Heiliger

Bruder Jordan ist mir seit meinen Kindheitstagen ein Begriff. Zu besonderen Anlässen, erst recht in Notsituationen, „pilgerten" meine Eltern mit meiner Schwester und mir zu Bruder Jordans Grab auf dem Ostenfriedhof. Da waren einige Kilometer zu Fuß zu absolvieren. Ein Auto hatten wir nicht.

Bruder Jordan, am 1. September 1866 als Heinrich Mai in Buer geboren, begann nach der Volksschule im väterlichen Betrieb eine Lehre als Gerber und Sattler. Das tiefreligiöse Elternhaus machte Heinrich Mai aufgeschlossen für ein soziales Engagement. Zwei seiner Schwestern waren bereits Ordensschwestern, als Heinrich am 18. August 1895 dem Franziskanerorden beitrat. Sein Ordensname wurde Jordanus. Über verschiedene Stationen führte sein Weg am 27. Januar 1907 nach Dortmund. Hier machte sich Bruder Jordan in der Sakristei, der Küche und besonders in der Pförtnerstube nützlich. An dieser Stelle hatte er die Schlüsselposition zu den anklopfenden Bittstellern. Sein Verhalten machte ihn schon zu dieser Zeit verehrungswürdig.

Pilgerscharen strömen zum Grab

Am 20. Januar 1922 kam es zu einer Schändung der Klosterkirche. Der Tabernakel wurde ausgeraubt. Bruder Jordan bot Gott zur Sühne für diesen Frevel sein eigenes Leben an. Dass er gleichzeitig seinen Tod innerhalb eines Monats voraussagte, brachte ihm den Ruf eines heiligmäßigen Sehers ein. Er starb tatsächlich am 20. Februar 1922 mit 56 Jahren an ungeklärter Ursache. Sein Grab fand er unweit der Klosterkirche auf dem Ostenfriedhof. Die Gerüchte um erhörte Gebete und Hilfe in der Not ließen bald Pilgerströme an sein Grab eilen. Um greifbaren Beistand in der persön-

lichen Notsituation zu haben, nahmen die Menschen, quasi als Ersatzreliquie, etwas Erde vom Grabhügel mit nach Hause. Als die Friedhofsverwaltung mit dem Auffüllen der Erde kaum noch nachkam, ließ sie das Grab mit einer Platte abdecken und mit einem Gitter einfassen. 1950 wurden Bruder Jordans Gebeine vom Ostenfriedhof in die Franziskanerkirche übertragen. Man schätzt, dass rund 100000 Gläubige der Überführung beiwohnten.

Die steigenden Meldungen von Gebetserhörungen bewirkten, dass sich die Paderborner Behörde entschloss,

Bruder Jordan Mai und das Franziskanerkloster mit Kirche.

einen Informationsprozess zur Einleitung der Seligsprechung einzuleiten. Rom nahm sich dieser Informationen an. Obwohl Papst Johannes Paul II. 1991 das tugendhafte Leben des Bruders anerkannte, reichte das noch nicht zu einer Seligsprechung. Dazu ist die kirchliche Anerkennung eines Wunders die Voraussetzung.
In unserem Haus hing neben dem Kruzifix ein Bild von Bruder Jordan. Ein Gebetszettel mit seinem Bild lag in unseren Gesangbüchern. Auch meine Eltern haben einmal etwas Erde von Bruder Jordans Grab mit nach Hause genommen.

Als der Weihnachtsmann in der Westfalenhalle landete

Es gab Zeiten, da konnte die Dortmund-Hörder Hüttenunion mit vorbildlichen Sozialleistungen aufwarten. Dazu zählten die unvergessenen Weihnachtsfeiern in der großen Westfalenhalle. Gerda Noell trennte sich kürzlich von einer Fotomappe, die ihr Mann als Werksdirektor zu seinem 61. Geburtstag am 29. November 1977 vom Werkschutz als Geschenk bekommen hatte. Wie Gerda Noell erzählt, setzte sich ihr Mann mit Leib und Seele für diese Weihnachtsfeiern ein. An Weihnachten selbst war er dann vollkommen erschöpft.
Die Weihnachtsfeiern wurden mit wechselndem Programm über Jahre durchgeführt. Vorstellungen gab es dabei nicht nur für die Dortmund-Hörder Hüttenunion, auch die Hoesch-Westfalenhütte und die Hoesch Bergwerks AG waren eingebunden. Für das Sozialamt der Stadt Dortmund gab es eine gesonderte Vorstellung für Kinderheime, Kriegsbeschädigten- und Blindenorganisationen und Altersheime. 1957 wurden am 21., 22. und 23. Dezember insgesamt acht Veranstaltungen mit rund 75000 Besuchern, darunter 20000 Kindern, durchgeführt. An technischem Personal wurden 400 Personen aufgeboten. Unter den 300 Mitwirkenden waren zahlreiche Schauspieler der Städtischen Bühnen, darunter bekannte Namen wie Willem Honselaars und Robert Olbrück.

Rübezahl statt Christkind

1957 konnte Hans Keller von den Städtischen Bühnen keine ruhrländische Fabelfigur für die Weihnachtsfeier ausmachen. Kurzum bemühte er den Berggeist Rübezahl aus dem Riesengebirge. Vom Hallenhimmel schwebten diesmal weder der Nikolaus noch das Christkind. Zunächst „ritt“ Baron Münchhausen auf einer Kanonenkugel zur Erde. Der Rattenfänger von Hameln, Elfen,

Leuchtende Augen: Kinder von Werksangehörigen der „Dortmund Hörder Hüttenunion" werden nach der Veranstaltung mit einer prall gefüllten Weihnachtstüte beschenkt.

Trolle und Schneezwerge verzauberten große und kleine Zuschauer. Pyrotechnische Gags lösten Elektroblitze ab. Statt der gewohnten himmlischen Gestalten kam in diesem Jahr der weltliche Weihnachtsmann zur Bescherung. Als dann zum Schluss Papierschnee das weihnachtliche Geschehen überdeckte, leuchteten tausende Glühbirnen auf, die den Schriftzug „Friede auf Erden" bildeten. Zum gemeinsamen Lied „Stille Nacht, Heilige Nacht" erglühten im abgedunkelten Hallenoval unzählige Weihnachtsbäume. Nach der Vorstellung bekam jedes Kind eine reichlich gefüllte Tüte. Auch ich gehörte mehrmals zu den Glücklichen. Mit den Jahren wurden diese schönen Bräuche aus Kostengründen leider abgeschafft.